Gustafs schönste Geschichten

Wolfgang J. Krauss

Wolfgang J. Krauss

GUSTAFS
schönste Geschichten

Delius Klasing Verlag

Die Deutsche Bibliothek – CIP-Einheitsaufnahme

Krauss, Wolfgang J.:
Gustafs schönste Geschichten / Wolfgang J. Krauss. Zeichn.
Kurt Schmischke. – Bielefeld : Delius Klasing, 1992
ISBN 3-7688-0768-1
NE: Schmischke, Kurt [Ill.]

Zeichnungen: Kurt Schmischke
Gesamtherstellung: Druckerei Günter Runge, Cloppenburg
Printed in Germany 1992

Inhaltsverzeichnis

Der abwesende Gustaf . . . 6
Dialog . . . 10
Safety first . . . 15
Schiffahrtshindernis . . . 18
Kopfschlag . . . 21
Zwomal 210 . . . 26
Kartoffelpuffer . . . 30
Theorie des Segelns . . . 36
Im Schatten der Titanen . . . 40
Der Mann von nebenan . . . 45
Heimlichkeiten . . . 48
Pädagogische Lektion . . . 52
Föhn . . . 56
Der Pfahl . . . 61
Happy Sailing . . . 67
Brief aus Elba . . . 70
Das Leben zu viert . . . 72
Führerscheine . . . 76
Crash-Test . . . 80
Irische Navigation . . . 83
Farbenlehre . . . 86
New Generation . . . 88
Der Ring des Polykrates . . . 92
Die Hafenbande . . . 95
Seufz! . . . 98
Sündenfall . . . 100
Ramses . . . 104
Der Reigen . . . 106
Die Hochzeitsreise . . . 109
Wie Gustaf den Petrus das Segeln lehrte . . . 116

Der abwesende Gustaf

„Gustaf, nun döse doch nicht wieder!“ Frieda, sein ihm seit fünfzehn Jahren ehelich angetrautes Weib, ist ernstlich böse. Aber es ist auch wirklich schlimm mit Gustaf. Manchmal – besonders aber während der Wintermonate – kriegen seine Augen so einen abwesenden Glanz, und er sieht stier über seinen Teller oder die Abendzeitung hinweg in die Zimmerecke, als ob dort irgend etwas furchtbar Aufregendes passiere. Oder er starrt minutenlang aus dem Fenster auf einen Punkt des gegenüberliegenden Hauses, hart rechts unter dem Krümmer der Dachrinne, wobei sein Gesichtsausdruck ein derartiges Maß an Konzentration verrät, wie man sie an ihm bei anderen Gelegenheiten – zum Beispiel im Büro oder beim Nachsehen von Julchens Schularbeiten – niemals wahrnehmen kann. In gewissen südlichen Ländern nennt man so etwas den „bösen Blick“, und man schützt sich dagegen durch Amulette oder abwehrende Gesten mit den Fingern, denn „. . . ein Mensch, der so guckt, kann nur Böses im Sinn haben.“

Wenn Frieda auch nicht bereit ist anzunehmen, Gustafs Blick habe etwas „Böses“ zu bedeuten, ist sie doch weit davon entfernt, ihm dafür sogenannte „edle“ Motive zu unterlegen. Aber was kann es sein, das Gustaf so abwesend auf die jenseitige Hausecke starren läßt? Das schwarzhaarige Fräulein von drüben kommt nicht in Frage, denn es ist um diese Zeit für gewöhnlich noch gar nicht zu Hause. Bei Müllers im zweiten Stock sind die Gardinen fest zugezogen – da gibt es demnach auch nichts zu sehen. Also was ist es nun, das Gustaf da drüben so fürchterlich interessiert?

Frieda strengt sich an, seinem Blick genau in der gleichen Richtung zu folgen. Tja – es ist wirklich nur die Dachrinne, die ihn zu fesseln scheint. „Du“, sagt sie, „was ich noch sagen wollte.“ Und sie sagt es. Gustaf starrt weiter ins Unendliche.

Erst als Frieda ihre Frage – nunmehr mit einiger Schärfe und mit dem Unterton unmißverständlicher Kampfbereitschaft – zum zweiten Mal stellt, löst sich sein Blick von der Dachrinne. Er zwinkert ein wenig mit den Augen, um die aufs Jenseits eingestellte Parallaxe seiner Augen auf den Abendbrottisch umzuschalten und fragt – wie aus tiefster Trance erwachend –: „Bitte, was meintest du, Frieda?“ Vielleicht sagt er auch – völlig ohne Zusammenhang mit der gestellten Frage –: „Ja, ja, du hast vollkommen recht“, was viel schlimmer ist, denn es läßt erkennen, daß er dem bisherigen Gespräch überhaupt nicht gefolgt ist.

Es scheint verständlich, daß nun durch Gustafs dubioses Verhalten die bis dahin künstlich überbrückte Spannung ihre jähe Auslösung in einem Temperamentsausbruch der gekränkten Frieda finden muß. „Ich weiß ja nicht, wo du immer mit deinen Gedanken bist – ich will es auch gar nicht wissen –, aber ich finde es im höchsten Grade rücksichtslos, dein mangelndes Interesse für deine Familie so unverblümt zu zeigen!"

Bums – der Ofen ist damit für heute aus, die Luft knistert förmlich vor Ungemütlichkeit, und Gustaf senkt schuldbewußt den nunmehr anwesenden Blick auf seinen Teller.

Und dabei hatte er doch nur . . . Ach, wie soll man Frieda begreiflich machen, daß dies geistige „Weggetretensein" weder etwas mit dem schwarzen Fräulein noch mit Müllers von gegenüber zu tun hat. Es sind auch keine ausschweifenden Jugendreminiszenzen, denen er in Gedanken nachhängt – nein, es ist wirklich nur . . . Und damit fängt die Schwierigkeit an:

Gustaf *segelt!*

Das erklärt an sich alles. Aber diese Erklärung ist nur verständlich für Gustafs, Heinis und Fietes und für alle, die gleichen Sinnes sind; die Segelboote besitzen und keine Zeit, sich damit in Gedanken zu beschäftigen; die immer gerade dann gestört werden, wenn es am schönsten ist. Zum Beispiel, wenn sie dem Problem, wie das Tassenspind in der Kombüse umgebaut werden muß oder ob der Wasserpaß in diesem Jahr seegrün oder dunkelblau abgesetzt werden soll, so nahe sind wie nie zuvor; oder der Frage, die elektrische Kompaßbeleuchtung im Cockpit so anzubringen, daß sie nicht blendet und doch ausreichend erhellt.

Und dann die wunderschönen Abschweifungen: von der umstrittenen Frage der Kompaßbeleuchtung bis zu einem totalen Versinken in die Vorstellung, wie man – am Ruder sitzend – übers Kajütdach hinweg das Unterliek der Fock anpeilt; wie ihr leichtes Vibrieren über Schot und Boot auf die Ruderpinne übertragen wird, so daß man es ganz genau im Körper spürt, wenn die Drücker der kleinen sammetweichen Windstöße ein millimeterweises Anluven gestatten. Ach – man braucht dann zum Segeln gar kein Boot. Nein, ein weicher Sessel, eine Zigarette und leise Musik können Gustaf derart in meditierende Verzückung hineinsteigern, daß er Müllers Dachrinne für den Bülker Leuchtturm ansieht und die vertrockneten Geranien auf dem dritten Fensterbrett von rechts für den Abendstern, der vor ihm mit seinem Widerschein die silbern leuchtende, zittrig-schmale Spur seines Kurses auf dem nachtschwarzen Meer mit eindrucksvoller Klarheit aufzeichnet.

Gustaf ist natürlich kein Dichter, ebenso wie Heini und Fiete keine Dichter sind. Und auch die erlösende, entspannende Wirkung der Kunst tibetanischer Mönche und indischer Jogi, sich jenseits der Realistik irdischer Anfechtungen in das Nirwana göttlicher Wunschvorstellungen zu versenken, ist ihm fremd. Sicher würde er sogar darüber lachen, wenn man ihm derartiges zumutete. Und doch will er nichts weiter, als einer – sagen wir – „paradiesischen Illusion" nachjagen, um Bratkartoffeln, Dachrinnen und den vielen anderen (weitaus überwiegenden) unangenehmen Dingen des Lebens für ein paar Augenblicke zu entfliehen. Und das ist seine Tragik.

Denn das Leben will keine solchen vergnügungssteuerfreien Abstecher ins Kosmische. Es ist hinter ihm her – es jagt ihn: Dienstbeginn, Aufstehen, Rechnungen bezahlen, Pflichten über Pflichten, Bescheidenheit, Sparsamkeit, Treue, Gehorsam sind seine kategorischen Forderungen; Gustaf hier und Gustaf dort, Gustaf passen Sie auf, hören Sie zu, nehmen Sie sich zusammen.

Und Gustaf paßt auf, hört zu und nimmt sich zusammen. Er hat dem nichts entgegenzusetzen als den schon hundertmal angeknacksten Wunsch, hin und wieder für eine halbe Stunde mit sich und seinen „abwegigen" Gedanken allein zu sein. Sein Unglück ist nur, daß ihn seine Gedanken meistens zur unrechten Zeit überfallen oder – richtiger gesagt – daß unsere Zeit eben keine Zeit für Gedanken ist.

Jetzt segelt er gerade wieder. Er sitzt im Sessel, hat die Zeitung vor der Nase – weil er denkt (der Dumme), man merke dann nicht, daß er ungestört sein möchte – und stiert starren Blickes über den Rand des Blattes genau auf die abgestoßene Ecke des Kleiderschrankes. Tun wir, als ob wir es nicht merkten!

Psst! Julchen, Frieda, stört ihn nicht, laßt ihn segeln!

Alle Segelreisen enden schließlich an irgendeinem Gestade, und dann kehrt er ja wieder zu euch zurück.

Dialog

Gustaf fischte die Schot aus dem Wasser und holte die Lose durch – das Schiff stand. Die Dünung ließ den Baum hin- und herschlagen, die Blöcke klapperten nervös auf Deck, die Dirk klatschte gelangweilt gegen das Achterliek. – SINDBAD drehte sich in der Flaute um die eigene Achse, so daß die Schleimünder Baumgruppe am Horizont in weitem Bogen auswanderte.

Frieda hatte sich auf der Koje langgemacht – die Hitze bekam ihr immer so schlecht.

„Mist", knurrte Gustaf, „verdammte Treiberei! Kein Ruder im Schiff."

„Vati . . .", sagte Julchen, die neben dem Skipper lustlos ihre Angelschnur in den Bach hängte.

„Hm –".

„Vati, warum machen wir das eigentlich?"

„*Was* machen wir ‚eigentlich'?"

„Na so . . ."

„Also *was* machen wir?"

„Na ja – warum *segeln* wir?"

Gustaf blickte sein Töchting verdutzt an. Was wollte das Kind mit dieser dämlichen Frage? Warum sie segelten? – „Weil wir eben segeln!" – Damit war der Fall für ihn erledigt.

„Vati . . ." – Julchens Stirn krauste sich vom angestrengten Nachdenken, „macht dir das wirklich soviel Spaß? – Ich meine, weil du immer dabei schimpfst."

Wer schimpfte? – „Ich und schimpfen? Du träumst wohl!"

„Aber Vati, du sagst doch immer ‚Mist' und ‚Schiet', ob es nun zu viel weht oder zu wenig. Wie kann dir das Segeln dann Spaß machen?"

„Und was sollen wir deiner Meinung nach statt des Segelns tun? – Radfahren? Oder vielleicht im Wald spazieren gehen?"

„Susi fährt mit ihren Eltern immer zum Camping."

Kämpink! Also das war's. Das Gör war wohl mall. – „Wer hat dir den

Quatsch eingeredet? Da steckt deine Mutter sicher hinter. Für so was haben wir kein Geld."

Kein Geld? Das leuchtete Julchen nicht ein. – „Wieso haben wir kein Geld? Verdient Susis Vater als Klempner denn mehr als du?"

„Nein", sagte Gustaf gereizt, „er verdient nicht mehr, aber eins kann man eben nur – segeln oder mit dem Zelt herumkutschen." – Das war doch wieder mal so eine Laune von dem Balg. – „Sag bloß, dir würde sowas Spaß machen. – Kämpink! So'n Quatsch!"

„Och –", sagte Julchen. Den Rest dachte sie sich.

„Was heißt ‚och'?" – Gustaf wollte es jetzt ganz genau wissen. „Also du möchtest lieber im Zelt hocken?"

„Na ja – kann ja auch was anderes sein."

„So, so – lüttje Sommerreise nach Mahlorka, nich? Und wer soll das bezahlen?"

„Aber Vati, du beklagst dich doch immer darüber, daß das Segeln soviel kostet. Das können wir dann ja sparen."

„Dumm Tüch!" Gustaf war so böse, daß er nur noch Platt sprechen konnte. Trotz Friedas Verbot, die Platt für vulgär und schädlich für Julchens Bildungsstand hielt. – „Spoarn – wenn ick dat all heur!" – Als ob die Segelei billiger würde, wenn man mal 'ne Landpartie machte. Oder meinte die dumme Range gar . . .? – Der Gedanke war Gotteslästerung, doch wer kannte sich bei den Weibern aus. – „Dat Schipp verkeupen, nöch?" – Gustaf stellte die Frage leichthin, es klang ganz harmlos.

„Warum nicht", Julchen fiel prompt darauf rein – „oder willst du etwa für den Rest deines Lebens auf dem Wasser herumfahren?"

„Ick?"

„Na, wer denn sonst, Vati. *Wir* tun das doch nur deinetwegen, und . . ."

„Halt stopp", bremste Gustaf, „sag das noch mal! Ihr segelt nur meinetwegen? Ihr segelt seit 14 Jahren nur meinetwegen? Andere Kinder beneiden dich – aber du machst dir nichts daraus. – Und so was will *mein Kind* sein!"

„Aber Vati, nun sei doch nicht wieder füünsch! Sag doch – was ist denn schon Besonderes an dem langweiligen Kram. Passieren tut hier doch gar nichts. Nicht mal Musik dürfen wir unterwegs einschalten."

„Frieda, hörst du das?“ – Gustaf konnte nicht anders, er mußte Verstärkung anfordern. – „Hast du gehört, was deine Tochter sagt?“ rief er unwirsch in das Halbdunkel des Niedergangs.

Von unten antwortete eine schläfrige Stimme: „Sind wir schon in Schleimünde?“

„Ich habe dich gefragt, ob du gehört hast, was deine Tochter gesagt hat!“ wiederholte Gustaf seine Frage mit der gebotenen Strenge.

„Wieso *meine* Tochter“, sagte Frieda.

Typisch Frieda. „Also, ob nun *meine* oder *deine* – sie mag jedenfalls nicht mehr mit uns segeln!“

„Recht hat sie! Weck mich, wenn wir in Schleimünde sind“, antwortete die verschlafene Stimme. Sonst nichts.

Gustaf war sprachlos. Julchens Geplapper hatte ihn wie ein Keulenhieb getroffen, aber Friedas totale Teilnahmslosigkeit tat seiner Seele weh. – Das hatte man nun davon. Sein ganzes Leben hatte man geschuftet und gespart, um der Familie das Segeln zu ermöglichen. Und nun – es war ein vernichtender Schlag.

Während er verbittert vor sich hinstarrte, war Wind aufgekommen. Leichter Küselwind aus Nordost, der SINDBAD zum Laufen brachte. Die Schoten strafften sich, und am Steven fing es an zu klötern.

Julchen holte die Angel ein. „Vati – kann ich mal steuern?“

Gustaf spitzte die Lippen zu seinem gewohnten „Quatsch“. Doch besann er sich eines Besseren und sagte: „Kloar, min Lütten, dat warr ja ok Tid, dat du dat liernst.“ – Er räumte den Platz am Ruder und zeigte der Tochter, wie sie mit der Pinne den wechselnden Zug der Schoten zu parieren hatte. Lernen würde sie es zwar nie, aber klein büschen Pädagogik konnte ja nicht schaden.

Julchen kriegte ordentlich rote Backen vor Aufregung. Vater hatte ihr zum ersten Mal die Pinne anvertraut. Das war doch ganz was anderes als immer nur die blöde Angelei. – „Na“, sagte Gustaf, „wo geiht?“

„Prima, Vati – macht richtig Spaß!“ – Julchen strahlte. Sie schien ihr vorangegangenes Gespräch mit dem Skipper völlig vergessen zu haben.

Gustaf sah das Mädchen von der Seite an. Hübsch sah Julchen aus und gar nicht mehr wie ein Kind. Junge, Junge – was hatte das Gör ihm mit der dummen Rederei zugesetzt. Ihm saß der Schreck noch in den Gliedern. Was das Volk sich manchmal so ausdachte.

Beim Einlaufen in den Schleimünder Tonnenstrich wurde Frieda dem Leben wiedergeschenkt. Während Gustaf die SINDBAD unterhalb der Giftbude festmachte, klapperte sie in der Kombüse. Als der Skipper mit dem Anbinden fertig war, stand der Kaffee auf dem Brückendeck. Propper wie immer, mit weißem Deckchen, Aschbecher und Blumenvase.

Die Sonne schien schräg ins Cockpit. Aus Gustafs Pfeife kräuselte blauer Schmok in zärtlichen Wolken gegen das blaue Sonnensegel. „Na, wollt ihr immer noch aussteigen?" fragte er jovial, wobei er seine Unsicherheit hinter breitem Grinsen verbarg. Man mußte den Stier einfach bei den Hörnern packen.

„Nee", sagte Julchen, „Vati, darf ich morgen wieder steuern?"

Gustaf fiel ein Stein vom Herzen. Also war doch alles nur Spaß gewesen. „Mal sehen", sagte er erleichtert, „aber es heißt nicht ‚steuern', sondern ‚Ruder gehen'." – Entweder war man Pädagoge, oder man war es nicht ... Er war es jedenfalls. Ein geborener sogar.

„Ruder gehen ...", wiederholte Julchen gehorsam. Frieda räumte den Kaffeetisch ab. Niemand sprach mehr vom Verkauf der SINDBAD. Konnte ja auch gar nicht anders sein. Schiff verkaufen – so'n Quatsch!

Safety first

Gustaf hat Grundsätze. Frieda auch. Dummerweise sind es nicht dieselben, wodurch sich Julchens Erziehung mitunter etwas schwierig gestaltet.

Zur Zeit besteht das Problem in Gustafs und Friedas divergierenden Ansichten über Teenagerbekleidung. Früher ging es um die heiß (und natürlich in Julchens Gegenwart) diskutierte Frage, ob der kleine Fritz von nebenan der richtige Umgang für ein so sensibles Kind wie Julchen war. Und vor einigen Jahren stritt man sich darüber, ob und bei welcher Gelegenheit Julchen eine Schwimmweste zu tragen hätte.

So wandeln sich die Motive – aber der Streit bleibt. Dabei gerät das arme Julchen unversehens in das elterliche Spannungsfeld, in dem es – je nach der stets wechselnden Lage – mal nach rechts und mal nach links gezogen wird. In der Schwimmwestenfrage, zum Beispiel, vertrat Gustaf energisch die Auffassung, am Ufer drohten die weitaus größeren Gefahren, während Frieda das Leben an Bord für gefährlicher hielt.

Bei so gegensätzlichen und temperamentvoll verteidigten Standpunkten konnte eine Einigung natürlich nicht erwartet werden. Deshalb lief das schwitzende Julchen in der entscheidenden Phase ihrer weiblichen Reife zu Wasser und zu Lande mit einer braunen, kapokgefüllten Schwimmweste umher, wodurch sie mehr einem hypertrophierten Badeschwamm als einem siebenjährigen Mädchen ähnelte.

Da die panische Furcht der Eltern vor Julchens frühem Wassertod dem Kind die Lust am Schwimmenlernen gründlich verdorben hatte, war von dieser Seite aus zunächst keine Änderung des Zustandes zu erwarten. Aber Julchen verstand es meisterhaft, sich mit den maritimen Unbequemlichkeiten zu arrangieren und obendrein noch Kapital aus ihrer mißlichen Lage zu schlagen.

Kaum daß die Familie am Bootshafen angekommen war, streifte Gustaf ihr schon das sperrige Monstrum über. – Julchen schrie wie am Spieß: „Ich will auf dem Steg aber keine Weste tragen, huhuhh, die Kinder lachen mich alle aus, huhuh, ich spiel doch nur auf dem Rasen!" – Worauf der Vater (das gehörte zu den Spielregeln) ein Eis zu spendieren und ein weiteres in Aussicht zu stellen hatte, falls Julchen bis zu SINDBADS Auslaufen ihr Schicksal ohne Murren ertrug.

Jetzt war die Zeit für Friedas Auftritt gekommen. „Da kann man mal sehen, was du für ein Sadist bist", sagte sie „das Kind unnütz mit der dicken Weste zu quälen. Wo Juliane (!!) doch nur auf dem Rasen spielen will."

Gustaf sagte darauf (laut Drehbuch): „Quatsch! Keine Widerrede – die Weste bleibt an. Seefti först!" Und Julchen „verspies" ihr zweites Eis.

Wenn die SINDBAD abgelegt hatte, schlüpfte Julchen mit Gustafs Hilfe rasch aus dem Kapokdings. Aber nun kreischte Frieda los: „Sofort ziehst du die Weste an. Huch meine Nerven – ich halte das nicht aus. Ich seh' das Kind schon im Bach."

„Nu blas man die Luft ab, Alte", sagte Gustaf, „was kann dem Kind in dem tiefen Cockpit denn schon passieren. Wo ich doch daneben sitze. Und die Seereling ist auch noch da." – Aber schon hatte Frieda dem Töchting die Weste mit raschem, energischem Griff wieder umgeschnallt, und Julchen startete ein neues Heulkonzert, diesmal – der besseren Wirkung wegen – leise, herzzerreißend und mit fiependem Nebenton. – „Komm, nun sei brav, mein Kind", sagte Frieda jetzt, „du kriegst auch fünfzig Pfennig, wenn wir in Möltenort sind."

Fünfzig Pfennig – das war die Sache wert. – Julchen schluchzte zur Tarnung noch ein paarmal. Aber dann zeigte sie ihrer Puppe Sophia, wie ein Palstek gemacht wird, und sie vergaß rasch das Dings um den Bauch. Sie war es auch nicht anders gewöhnt. Sie hätte auch keine Flunsch gezogen, wenn die Eltern sich nicht immer über das Wann und Wo gestritten hätten. Aber so ist das nun mal mit der Kindererziehung.

Als die SINDBAD in Möltenort angelegt hatte, ging die Kabbelei wieder los: War Julchen nun an Land oder auf dem Schiff? Julchen – nunmehr im Besitz von zwei Eis und 50 Pfennigen – machte dies Problem noch verzwickter, indem sie wie ein Pingpongball zwischen SINDBADS Vorschiff und dem Steg hin und her hüpfte. – Die Eltern entschieden sich unter diesen Umständen in seltener Einmütigkeit *für* die Weste. – Julchen aber plärrte, weil sie gerade das Gegenteil hatte demonstrieren wollen, denn ihrer kindlichen Logik zufolge war sie weder am noch auf dem Wasser. Sie schwebte sozusagen in der Luft, und in der Luft brauchte man keine Westen.

Jedoch Gustaf und Frieda riefen unisono: „Die Weste bleibt an", und Julchen startete zur Eisbude am Ehrenmal, um ihren Erpresserlohn zu verjubeln.

Die Kieler Förde lag still und blau. Die Sonne stach hart von der unbewölkten Himmelskuppel. Kein Lufthauch kräuselte das vom Masut opalisierende Hafenwasser. Es stank intensiv nach totem Fisch – Julchen lutschte ihr Eis; Frieda klapperte in der Kombüse; Gustaf schwitzte an Deck.

„Komm", sagte er, „wir gehen an den Strand, da ist es etwas luftiger." – „Aber nicht in diesem Aufzug", sagte Frieda und langte Gustaf ein weißes Hemd und die neue Leinenhose nach draußen. Dann schälte sie Julchen aus ihrer bruchsicheren Verpackung und zog ihr ein buntes Kleid an.

„Aber mit der doofen Weste geh ich nicht los", plärrte Julchen und wischte sich mit klebrigen Eisfingern die Augen. – „Nein", sagte Frieda, „brauchst du auch nicht. Wir gehen ja an Land spazieren. Vielleicht spendiert Vati 'ne Coca."

„'Ne Coca, hurrah", rief Julchen und kletterte an Deck. – „Aber sieh dich vor", sagte Gustaf, der gerade seine Hosen wechselte. – „Ja", rief Frieda, „warte, bis ich dich an Land hebe."

„Och –", sagte Julchen. Aber da machte es bereits „Platsch". Gleich darauf gellte ihre hohe Fistelstimme über das stille Rund des Hafens: „Hiiilfe, Hiiilfe!"

Gustaf – die Hose noch in den Kniekehlen – machte einen Panthersprung zur Reling, legte sich auf den Bauch und fischte seine Tochter mit dem Bootshaken auf. – Frieda jammerte: „Huch – das neue Kleid! Meine Nerven halten das nicht aus" und erklomm, Julchens Bademantel über dem Arm, hastig den Niedergang.

Aus dem Spaziergang wurde natürlich nichts. Aus der Coca auch nicht. Dafür wurde das heulende Julchen warm verpackt in Friedas Koje verstaut, denn wie leicht konnte so'n Kind sich dabei was wegholen.

Während Frieda Julchens nasse Plünnen auswrang und zum Trocknen aufhängte, starrte Gustaf nachdenklich ins Weite. Man mußte etwas erfinden, das . . . ach was, Quatsch . . . *Schwimmen* mußte die Rotznase lernen. Und er beschloß, es der Tochter selbst beizubringen. Gleich heute nachmittag wollte er den ersten Versuch machen. Notfalls mit Gewalt, das war ja noch schöner.

„Auch das noch", stöhnte Frieda, als er ihr seinen in einsamer Höhe gefaßten Entschluß mitteilte, „Das überstehe ich nicht. Das arme Kind! Und jetzt auch noch Schwimmen!" Dann kochte sie erstmal Kaffee, denn der Schreck war zu groß für sie gewesen.

Aus der Koje schniefte Julchen: „Und die Coca hab' ich auch nicht gekriegt."

Schiffahrtshindernis

Ärösköbing ist SINDBADS Lieblingshafen in Dänemark: Der Skipper sieht sich dort so gern das Buddelschipp-Museum an; Frieda schwelgt von den herrlichen Aalen, die es nur dort gibt; Julchen knipst (zum x-ten Mal) die schnuckeligen rosenbewachsenen Fachwerkhäuschen. Eine Idylle? Fast, wenn die Butterdampfer nicht wären.

Die Butterdampfer kommen und gehen wie die Fähren über den Großen Belt, um Massen transitschwangerer Germanen an Land zu spucken. Wenn drei dieser Musikdampfer gleichzeitig festmachen, ist der Hafen dicht.

Diesmal ist Gustaf mit Frieda allein unterwegs, deshalb ist er beim Einlaufen doppelt vorsichtig. Er peilt sorgfältig, ob die Hafeneinfahrt frei ist. Sie ist es. Er nimmt draußen das Zeug weg und wirft den Jockel an. Sicher ist sicher! Dann deponiert er den Heckanker „klar zum . . ." auf dem Achterdeck und steckt 30 Meter Leine an. Frieda harrt mit dem Pekhaken in der Hand vorm Mast weiterer Befehle. Alles schon hundertmal gemacht. Ein reines Routinemanöver.

Als sie die Hafeneinfahrt passieren, liegen zwei Butterfähren an der Pier. Gustaf erspäht an der Mole einen freien Spalt zwischen zwei Hamburger Yachten. Da will er sich zwischenmogeln.

Er fährt einen großen Bogen, kalkuliert Abdrift, Seitenwind, Auslauf und alle sonstigen abwägbaren Faktoren und setzt zum Torschuß an. Um besser sehen zu können, steigt er aufs Achterdeck und steuert mit dem Fuß. Doch die Großschot ist ihm im Weg. Da ein Spitzgattheck nicht viel Platz hat, bückt er sich, um die Schot beiseite zu legen. Dabei stößt er an den Anker – und plumps ist dieser außenbords und nimmt die ausrauschende Ankerleine mit. Mitten im Hafen.

Gustaf treibt noch ein Stück voraus, bis er SINDBAD mit der Maschine gestoppt hat. Frieda schreit von vorn: „Was ist los?" Der Wind kommt dwars ein und schwojt den Kahn quer über den Hafen. Deshalb geht der Skipper mit der Maschine rückwärts, um den verlorenen Anker aufzunehmen. Doch er kriegt ihn nicht aus dem Grund, so viel er auch zerrt.

„Nun mach schon . . .!" ruft Frieda – da bleibt mit einigen zuckenden Umdrehungen die Maschine stehen: Die Ankerleine hat sich in der Schraube vertörnt und den Motor abgewürgt. Und zu allem Unglück macht es „Tuuuut", so daß Gustafs Gebiß klirrt, denn die dicke Fähre legt gerade ab.

„Zustand" nennt man das bei der Marine. Gustafs Gesicht ähnelt dem satten Rot einer preisgekrönten Tomate. Er ruft Frieda nach achtern, reißt ihr den Bootshaken aus der Hand und fischt damit unterhalb der Schraube nach dem Ankertau. „Tuuuut – tuuuuuuut", macht die Fähre ungeduldig, denn sie will just da hin, wo die SINDBAD unfreiwillig ankert. Das Volk auf der Mole schreit hilfsbereit: „Schmeiß den Motor an!" und „Heiß dat Großsegel!"

Gustaf grabbelt auf dem Bauch liegend, den Fuß unter die Pinne gehakt, tief mit dem Arm im Wasser nach der Ankerleine.

Endlich hat er sie gepackt und holt den Anker aus dem Grund. SINDBAD driftet jetzt vor dem kahlen Mast quer durchs Hafenbecken. Gustaf startet den Motor und kuppelt ein – blup, blup – er steht erneut, weil die Leine die Schraube blockiert. Der Butterdampfer ist schon ganz nahe und tutet Gustaf die letzten grauen Zellen aus dem Gehirn.

Da reißt er entschlossen die Fock hoch und treibt wie ein Schuhkarton in eine Ecke des Hafens. Bis er zwischen Angelkähnen, Quallen und toten Fischen auf Dreck sitzt.

„Mensch, warum haste nicht . . .", will Frieda sagen, aber Gustaf wirft ihr einen Blick zu, der die Milch im Kaffee gerinnen lassen könnte. Er kann es einfach nicht fassen, wie ihm, ausgerechnet *ihm* das passieren konnte. Dabei ist die Erklärung doch ganz einfach. Man kann sie im Hochschultaschenbuch Band 285 nachlesen: *Die Wahrscheinlichkeit für das Eintreten eines Ereignisses ist gleich dem Quotienten (Bruch) aus der Anzahl der für das Ereignis günstigen und der Zahl der möglichen Fälle.* Klar, nöch? Muß man sich nur merken.

Kopfschlag

Frieda wollte die Kartoffeln aufsetzen. Sie wartete auf den Primuskocher, den Gustaf wieder mal zerlegt hatte. Der Skipper versuchte mit Schimpfreden und einer Pinzette, die abgebrochene Reinigungsnadel aus der Düse des Brenners zu entfernen. Es war eine überaus knifflige Sache, die höchste Konzentration erforderte. Sein Barometer stand deshalb auf Sturm.

In diesem unpassenden Augenblick fragte Julchen ihn: „Vati, was ist ein Kopfschlag?"

Als der Vater nicht antwortete, und er konnte nicht antworten, weil er eine Taschenlampe zwischen den Zähnen hielt, wiederholte sie – beharrlich wie die Jugend ist – ihre Frage: „Also was ist denn nun ein Kopfschlag?"

Ein Kopfschlag? – Mit Boxen konnte es nichts zu tun haben, es mußte sich um den Schifferknoten handeln. Gustaf nahm die Lampe aus dem Mund und knurrte gereizt: „Koppslag is dat, wat man kricht, wenn man ihn macht." – Es war eine typische Gustaf-Antwort. Julchen sagte: „Aha."

Tags darauf ging die SINDBAD schleiaufwärts. Beim Ablegen von der Kappelner Yachtbrücke hockte Gustaf wie üblich sprungbereit am Ruder und bellte lautstark seine Kommandos. Frieda tüterte mit zitternden Fingern die Fender von der Reling und richtete (wohl zum hundertsten Mal) an den Käptn die dämliche Frage: „Wohin damit?" – Julchen hatte endlich gelernt, die Plünnen ohne fremde Hilfe vorzuheißen. Manchmal vergaß sie dabei, das Leebackstag zu überholen, und das Aufschießen der Fallen hatte auch seine Tücken. Doch sie war immerhin mit Eifer bemüht, ihren Platz vor dem Mast wie ein Mann auszufüllen. Was konnte man schließlich von der langhaarigen Rasse mehr erwarten.

Hinter Arnis meldete das Vorschiff „Klar Deck". – „Hm", grunzte der Skipper. Jetzt wäre eigentlich eine Kontrollinspektion dran gewesen, aber er war heute so faul. Und es sah da vorn ja auch ganz ordentlich aus. „Setz die Fock noch mal durch", sagte er, um überhaupt etwas zu sagen, denn man konnte ja nicht gut zugeben, daß es nichts zu kritisieren gab.

SINDBAD mogelte sich mit auflaufendem Strom durch die Enge von Missunde. Gustaf hatte eigentlich hier anlegen wollen. Aber weil Frieda was von „Kaffeekochen" sagte, hatte er „Quatsch" gesagt, und nun mußte er weiterschippern. – Schiet lot em – in Schleswig war es ja auch ganz schön.

Auf der Großen Breite blies der Südost der SINDBAD ganz flott unters Hemd. Außerdem zog von Westen her eine blaue Gewitterbank auf. „Soll ich reffen?" fragte Julchen naiv. – „Du und reffen?" sagte Gustaf, der ärgerlich war, daß das dumme Gör seine Entschlüsse (seine einsamen Kapitänsentschlüsse!) erraten hatte. Diese Jugend – immer mit dem Mund vorweg.

„Reff lieber jetzt", mischte sich Frieda ein, „nachher ist es wieder zu spät, wie neulich." – Das hätte sie nicht sagen sollen, die Frieda. Sie wußte es und biß sich auf die Lippen, aber es war zu spät.

„Dor quäl di man nich üm", raunzte Gustaf giftig, „ick weet, wat ick to dohn heff."

„Aber Vati, wir wollen dir doch bloß helfen", goß Julchen noch schnell etwas Öl in das Feuer.

„Swieg still! Krichs gleich'n Backs!" – Gustaf verstand wieder mal, seine Autorität zu retten. – Frieda sagte: „Na, na."

Querab vom Louisenlunder Internat legte die erste Bö SINDBAD aufs Ohr. Dicke Regentropfen pladderten aufs Deck. „Reffen!" brüllte Gustaf und übergab der verängstigten Frieda das Ruder. – „Wohin soll ich steuern?" fragte die Kapitäneuse verwirrt. – „Halt den Kahn am Wind!" donnerte Gustaf vom Vorschiff und zeigte in die Richtung, aus der die Bö einfiel. – Frieda tat ihr Bestes, was wenigstens nicht ganz verkehrt war.

Der Regen war in Hagel übergegangen. Gustaf konnte die Reffkurbel nicht finden. Sie hatte ihren festen Platz an der Stirnwand der Kajüte, aber die Halterung war leer. Verdammt, er hatte sie doch gestern noch in der Hand gehabt. Er schnauzte Julchen an, das konnte nie schaden. –

Julchen war mit aufs Vorschiff gekommen. Sie hatte die dünnen Ärmchen um den Mast geschlungen, um auf dem hart überliegenden Deck Halt zu finden. Der Regen hatte sie total durchnäßt, und sie fing an, verdächtig zu schlucken. „Ümmer ich!"

„Plärr nich – mach lieber die Fallen klar", rief Gustaf der Tochter zu, „ich geh unter Deck und such die Kurbel." – Julchen nickte schluchzend. Ihre blonden Fransen hingen angeklatscht hinter den Ohren herab – ein Bild des Jammers.

Während Frieda die bockende SINDBAD in großen Schleifen durch die Bö gieren ließ, fand Gustaf die Kurbel im Werkzeugkasten. Welcher Idiot mochte sie dort verkramt haben? – „Na, wer braucht denn an Bord Werkzeug“, zischte Frieda. Sie hatte in der Aufregung den Kahn zu hoch geluvt. Nun knallte das Zeug im Wind und schüttelte Kaskaden sprühender Gischt ins Cockpit.

„Abfallen – fall ab!“ rief Gustaf, als er auf dem Weg zum Vorschiff an ihr vorbeiflitzte. Dort hatte Julchen inzwischen aus dem nassen Manilatauwerk einen pikanten Leinensalat zubereitet. Gustaf zuckte zusammen, als habe ihn der Schlag getroffen: Na warte! Doch jetzt war keine Zeit für erzieherische Maßnahmen. – Der Skipper drehte die Kinken aus dem nassen Großfall und entwirrte das wilde Knäuel. Dann setzte er die Dirk an, streckte die Kurbel auf den Vierkant und rief der Tochter zu, sie solle das Fall langsam fieren.

„Was fummelst du denn da rum?“ schrie er Julchen an, die das Fall nicht von der Nagelbank losbekam. – „Das klemmt so“, bibberte das Kind. – „Was klemmt?“ rief Gustaf aufgebracht. „Sieh her, so macht man das. Mit einem Ruck. – Zack.“ Doch mit „Zack“ war es diesmal nichts. Das Fall bekniff wirklich.

Während der Hagel kieselgroß gegen das Segel prasselte und SINDBAD ihre Großbaumnock durchs Wasser schleifte, weil Frieda zu weit abgefallen war, untersuchte Gustaf die unerklärliche Ladehemmung. Da übertönte mit einmal sein lästerlicher Fluch das melodische Heulduett, welches Julchen und die Bö lautstark angestimmt hatten: Der Skipper kniete neben der Nagelbank und hatte die Füße gegen das Lukensüll gestemmt um auf dem schrägen, rutschigen Deck Halt zu finden. „Also das ist doch wohl – da hört doch wirklich alles auf – nein, sowas!“ Darauf folgte dann der ellenlange Fluch.

„Was is’n los?“ rief Frieda von achtern, während sie im Begriff war, SINDBAD in den Wind zu luven, um Mann und Tochter auf diese Weise endgültig von Deck zu schütteln. – Gustaf antwortete nicht. „Sieh her, du verdammtes Gör“, schrie er die Tochter an, „kiek di an, wat du mokt hest: een *Koppslag!*“

– Einen Kopfschlag? Da war er wieder, dieser komische Kopfschlag. Julchen hatte Vater gestern doch gerade danach gefragt. Hatte er denn gesagt, was das war? – Nein. Sie hatte die Fallen doch nur mit einem halben Schlag belegt, damit die Törns schön hielten.

„Ich weiß ja überhaupt nicht, was'n Kopfschlag ist", murmelte sie kleinlaut, „du hast es mir ja noch gar nicht gesagt."

„So –", sagte Gustaf, „dor hest dien Koppslag!" Und dabei knallte er der Tochter mit seiner breiten Pfote eine Ohrfeige in das verheulte Gesicht, die nicht von schlechten Eltern war. Dann zog er das Bordmesser aus der Tasche und klappte den Marlspieker auf.

Frieda schrie entsetzt auf und ließ die Pinne los. Jetzt erstach dieser Unhold das Mädchen gar. „Hör auf!" kreischte sie, „Halt! Wirst du aufhören, du Rohling!" – Aber Gustaf war schon mit dem Marlspieker auf die Nagelbank losgegangen, um den im Regen eisenhart gequollenen Kopfschlag mit Gewalt aufzubrechen. Der Knoten saß so fest, daß Gustaf schon daran dachte, das Fall mit dem Messer zu kappen. Doch dann gelang es ihm doch noch, das Ende freizubekommen.

Julchen sah mit weit aufgerissenen Augen zu, wie der Vater das machte. Was für eine Aufregung solch ein lütter Knoten verursachen konnte. Sie hatte es doch nur gut gemeint. –

Gewitter gehen vorüber, Ohrfeigen auch. In Schleswig war alles fast vergessen. Nur Frieda hatte noch ein verdächtiges Zucken um die Mundwinkel. Aber was machte das schon, wenn Vater und Tochter sich einig waren.

Währen Frieda das Abendbrotgeschirr abbackte, saß Gustaf friedlich mit seiner Zigarre im Cockpit. Neben ihm übte Julchen mit einer alten Schot Seemannsknoten.

Ein Kopfschlag war nicht darunter.

Zwomal 210

Gustaf, von einem unüberwindbaren Mißtrauen gegen Motorboote und deren Eigner beseelt, hatte den dicken Pott in den Laboer Hafen hereinkommen sehen und gleich die Vermutung gehegt, er würde sich ausgerechnet das freie Loch neben der SINDBAD aussuchen. Als er seinen Verdacht bestätigt sah und obendrein am Bug die Berliner Gösch entdeckte, bewaffnete er sich mit Pekhaken und einem dicken Gummifender, denn das konnte ja nicht gutgehen. Dann pumpte er den Bauch voll ätzenden Spott und erwartete mit einer Mischung aus Furcht und Verachtung vom Vorschiff der SINDBAD aus das Anlegemanöver des feindlichen Zerstörers. Doch siehe da – die Quatze drehte vor dem Pfahlrack elegant auf dem Teller und setzte mit leise singenden Motoren langsam über das Heck achteraus in das Loch neben Gustaf. Darauf machte sie lautlos und ganz ohne Bumsen fest und sagte sogar guten Abend.

Gustaf war platt. Sicher war der Zerstörerkäptn ein alter Segler. Woher hatte er sonst solche gepflegten Manieren. – Komisch, auf was für Ideen manche Leute kamen. Sich solch einen Dampfer zuzulegen. Das war kein Schiff, das war ein Kreidefelsen. Und nicht einmal einen Mast für eine Notbesegelung hatte er.

„Schönen Schiff, was Sie da ham", begann Gustaf die Präliminarien. Er meinte das natürlich ironisch.

„Ja, finden Sie?" antwortete der Kreidefelsenskipper verlegen.

„Mann – de dreiht jo as son Brummkreisel." Das klang schon fast wie Anerkennung.

„Doppelschrauben", erwiderte der Berliner geschmeichelt.

„Aha . . . tzwei Motoren", sagte Gustaf und war stolz auf sein technisches Wissen. „Woll mindestens fuffzich PS, nöch?"

„Zwomal zwozehn", antwortete der Skipper.

Gustaf war baff. Er dachte an die 4 PS, die seine SINDBAD recht und schlecht trieben, und überschlug fix im Kopf: Das war ja mehr als das Hundertfache! Damit mußte der Kreidefelsen ja fliegen können. „Mann – das' aber viel", sagte er betreten.

Der Berliner haspelte einen Rees herunter von Gleitern, Verdrängern und Deep V, von absoluter und relativer Geschwindigkeit, von Rumpfwiderstand, Froudescher Zahl und daß der Widerstand im Wasser im Quadrat der Geschwindigkeit wächst.

Gustaf verstand nur „Bahnhof" und stellte die dämliche Frage, wie lange der Kreidefelsen denn so bis . . . sagen wir mal . . . bis Schleimünde brauchte. Der Berliner gab es kopfschüttelnd auf. Hier prallten zwei Welten aufeinander, bei denen die menschliche Sprache kein Verständigungsmittel mehr war. Man sagte sich Gute Nacht und ging unter Deck.

Gustaf knurrte: „Allens Quatsch!" und erleichterte sein übervolles Herz bei der geschirrspülenden Frieda. „Verhunnertwintig PS" – er verstand die Welt nicht mehr. Er würde mit diesen Menschen in Zukunft nicht mehr reden. Das waren ja Wahnsinnige! Daß so was nicht polizeilich verboten wurde.

Am nächsten Morgen lief er zeitig aus. Nur fort von diesem Ungeheuer. Er wollte zum Mittagessen in Strande anlegen.

Der Wind war flau und kam aus Nordwesten. Nach einer langweiligen Kreuz stand die SINDBAD gegen 11.00 Uhr vor der Strander Hafeneinfahrt. Er wäre üblicherweise unter Maschine eingelaufen, aber die 420 PS hatten ihm die Lust am Motoren genommen. So quetschte er sich hoch am Wind an den vor der Einfahrt liegenden Sänden vorbei.

Dabei hatte er den Bogen wohl etwas zu knapp berechnet. Es schurrte weich unterm Kiel, und Julchen rief: „Vati, wir sitzen!"

Die SINDBAD war zehn Meter von der Westmole entfernt auf Dreck gelaufen. Gustaf nahm das Großsegel runter und griff zum Bootshaken. Dabei drückte ein leichter Küselwind die Fock nach Lee. SINDBAD fiel ab und zeigte mit dem Heck zur Rinne.

Von der Mole aus wurde Gustaf angepreit. Es war Heini, der ihm eine Leine zuwarf. Gustaf belegte das Ende am Poller, und Heini zog aus Leibeskräften. Die SINDBAD holperte über ein, zwei Sandbänke und stand jetzt dicht vor der eisernen Spundwand. Bis zur Rinne waren es höchstens zwanzig Meter.

Es war wie verhext – der Pott saß wie angenagelt. Rundherum nur ein Meter Wasser – der Kahn mußte von Heini in ein unsichtbares Labyrinth gelotst worden sein. „Aussteigen!" rief die Meute auf der Mole.

Gustaf würgte mehrmals vergeblich mit dem Motor vor und zurück. Dann brachte er einen Warpanker aus und setzte Frieda auf den ausgefierten Großbaum. Das Ergebnis war gleich Null – SINDBAD saß hoch und trocken.

Gustaf rann der Schweiß den Rücken herunter. Er brüllte Frieda und Julchen an, nannte den hilfreichen Heini einen saublöden Idioten und fluchte auf die Behörde, die im Frühjahr mit einem Saugbagger den Sand aus der Einfahrt neben die Mole gespült hatte. Aber es nützte nichts: SINDBAD saß.

Da tauchte auf der Höhe von Schilksee die weiße, stiebende Bugfahne eines schnellen Motorkreuzers aus dem Glast der Mittagssonne. Wenige Minuten später erkannte Gustaf den Kreidefelsen aus Laboe. Ob er? – Nein, das wäre das letzte. Von jedem hätte er Hilfe angenommen, aber nicht von diesem Quiddje. Er drehte der einlaufenden Yacht den Rücken zu.

„He" – rief es da auf einmal, „braucht ihr Hilfe?" Der Kreidefelsen lag mit gestoppten Maschinen vor der Einfahrt, und der Berliner winkte vom Heck aus mit dem Steert einer armdicken Trosse.

„Sag ‚Ja'!" zischte Frieda. Und Julchen rief, ohne Vaters Antwort abzuwarten: „Klar, wir sitzen!" Aber Gustaf zögerte.

Der Motorskipper grinste nicht einmal, was Gustaf noch mehr in Harnisch brachte, als wenn er gegrinst hätte. Diese eingebildeten Affen mit ihren Atomschleudern! Na ja – er wollte kein Spielverderber sein. „Denn smiet man röber", rief er dem Berliner zu und vertäute die zugeworfene Trosse am Mast. „Ober gans, gans suutje!" – Der Motorskipper hob die Hand und kletterte in seinen Ruderstand. Es wirbelte und brauste am Heck, die Trosse spannte sich, SINDBAD legte sich auf die Seite und hob den Bug. Friedas Porzellan klirrte, Julchen schrie ängstlich. – Doch dann hatte der Kreidefelsen die SINDBAD über die erste Sandbank hinweggeschleift. „Mein Geschirr!" jammerte Frieda. Gustaf brummte: „Holl dien Sabbel" und prüfte den Slipstek am Mast. Die SINDBAD hatte 45 Grad Schlagseite.

Jetzt holte der Kreidefelsen zum nächsten Schlepp tief Luft. Das Wasser war hier noch flacher. Diese Segler mußten ja verrückt sein, sich hierher zu verkrümeln. Von Navigation hatten die offenbar noch nie etwas gehört. Die könnten von den Motorbooten ruhig noch etwas lernen.

Gustaf hatte ein Brechen der Trosse erwartet. Der fiese Kerl schleifte ihn ausgerechnet über die flachste Stelle der ganzen Gegend. Das war ja fast schon ein Landtransport. Wenn der Mast das nur aushielt. – Doch Trosse und Mast hielten, und die SINDBAD wälzte sich, auf der Seite liegend wie ein gestrandeter Wal, über die Buckel und Sände neben der Einfahrt, wobei sie eine tiefe Furche in den hellen Sand des Meeresbodens grub.

Das Ganze dauerte knapp fünf Minuten, dann schwamm die SINDBAD wieder auf ebenem Kiel. Gustaf motorte in den Hafen und machte sein Schiff fest. Die steile Falte über seiner Nasenwurzel verriet, daß er konzentriert nachdachte. Mann in de Tünn – nun wußte er plötzlich, wozu diese Kreidefelsen ihre 420 PS brauchten – natürlich – warum war er nicht gleich darauf gekommen: zum Abschleppen gestrandeter Segler – das war doch sonnenklar. Warum hatte der Kerl das nicht gleich gesagt.

Und er ging mit der Kömbuddel zum weißen Bergungsschlepper hinüber, um sich mit einem Schluck zu bedanken. Nichts mehr gegen die PS. Nein, und auch nichts mehr gegen die Motorskipper. Nicht einmal, wenn sie aus Berlin stammten.

Als er zur Sindbad zurückkehrte, warf er seinem braven Zweitakter einen vernichtenden Blick zu. Er öffnete das Motorluk und drohte mit der Faust hinein: „Dor kanns di een Beispeel an nehmen, du spillerige Kaffeemöhl!" Und er beschloß, seine PS-Zahl zu verdoppeln. Nicht sofort, aber wenn er mal zu Geld kommen sollte. Es brauchten ja nicht gleich zwomal 210 zu sein.

Kartoffelpuffer

Frieda mußte übers Wochenende zu ihrer Mutter nach Itzehoe fahren. Die alte Dame feierte ihren 65. Geburtstag. Frieda hatte mit Gustaf ein wenig gestritten, weil er sich weigerte, mitzukommen. Aber der Skipper hatte gleich abgewinkt: „Wat? Am Sonntag über Land?" Warum sollte *er* dafür bestraft werden, daß Schwiegermutter Anfang Juli zur Welt gekommen war. Er war doch bestimmt an diesem unpassenden Termin unschuldig.

Nun zankte man sich noch um Julchen. Frieda sagte, die Oma hätte doch immer solche Sehnsucht nach dem Kind. –

„Quatsch", sagte Gustaf, dem Weihnachten mit der Schwiegermutter genügte. Oder wollte Julchen etwa? – „Nö", sagte das Töchting, „ich will lieber mit meinem Papi segeln." Na also.

Bevor Frieda abreiste, äußerte sie heftige Bedenken. „Das Kind verkommt mir ja total. Paß bloß auf, daß sie sich richtig wäscht. Und laß sie nicht verhungern – du weißt doch, daß sie mittags immer . . ."

„Ja, ja“, sagte Gustaf.

„Och, Mutti“, verteidigte der Fratz den Vater, „Vati kocht doch prima. Nicht wahr, Vati?“

„Kloar“, sagte Gustaf.

„Vati, backst du mir Kartoffelpuffer?“ Das war ihr Lieblingsgericht.

„Was du willst, mien Deern“, sagte Gustaf, der es eilig hatte, Frieda loszuwerden.

Für den Sonnabend hatte Frieda vorgesorgt. Kartoffelsalat und Würstchen. „Braucht ihr bloß warmzumachen. Und wenn der Primus verstopft ist, hängt die Düsennadel . . .“ Doch da hatten die beiden Frieda schon aus der Tür geschoben.

Am Abend lag die SINDBAD in Strande. Die Würstchen schmeckten prima. Und Friedas Kartoffelsalat auch. Nach dem Abendbrot ging Gustaf mit Julchen zum Minigolf und hinterher auf eine Limonade ins Strandhotel. Er opferte sogar einige Groschen, damit Julchen ihre Spielleidenschaft am Automaten austoben konnte. Und er kaufte ihr erst Karameleis und danach Fruchteis. „Na – “, fragte er Julchen dann gönnerhaft, „dat geiht ok mal ohne Muddern, nöch?“

„Mensch, Vati, du bist Klasse!“ – Gustaf lächelte geschmeichelt.

Das Sonntagsfrühstück verlief planmäßig. Gustaf kochte den Kaffee, Julchen deckte den Tisch. Dann backten sie beide ab, ohne daß ein Teller kaputtging oder der Primus blakte. Frieda hatte wirklich unrecht mit ihrer ewigen Angst, alles ginge schief, wenn sie nicht an Bord war. Sogar die Zähne hatte Julchen sich morgens geputzt. Und zwar ganz von selbst. Gustaf hatte sich ein weißes Hemd angezogen, was er sonst nie tat, und rasiert hatte er sich auch.

Als die beiden auf der Mole spazierengingen, sagte Julchen: „Vati, machst du uns nun heute Kartoffelpuffer?“ – Gustafs gute Laune wurde spontan gedämpft. Diese dämliche Braterei, bei der das Fett überall hinspritzte. „Ach, weißt du“, sagte er, „ich mach uns lieber Spiegeleier.“

Doch da kam er bei Julchen schlecht an. „Ümmer diese doofen Spiegeleier. Die kann ich schon nicht mehr riechen.“

„Na, na", sagte Gustaf, dem diese despektierliche Tonart mißfiel, „Eier sind eine Gottesgabe."

„Aber doch nicht sonntags, Vati! Warum hast du mich denn überhaupt gefragt, was ich essen will? (Wieso – hatte er das? Er konnte sich nicht darauf besinnen.) Oder weißt du nicht, wie man Kartoffelpuffer macht? Ja – bestimmt – du weißt es nicht! Also, das ich werde aber Mutti sagen. Erst versprechen und dann Nein sagen."

Das konnte Gustaf nicht auf sich sitzen lassen. Woher kamen Julchen mit einmal diese Zweifel? Wo er doch wirklich alles konnte. Hatten ihn nicht früher – als er noch Junggeselle war – alle Freunde wegen seiner Kochkünste bewundert? Das war zwar einige Zeit her, und Kartoffelpuffer gehörten eigentlich auch nicht zu seinem Repertoire, aber was ein Mann *wollte,* das . . ."

„Also hol vom Kaufmann 10 Pfund junge Kantüffeln", sagte er, „alles andre ist wohl an Bord!"

Junge Kartoffeln? Zu dieser Jahreszeit, und dann gleich 10 Pfund? – Julchen war skeptisch. – „Mutti nimmt dafür immer Pfanni-Pulver", sagte sie.

Pulver? Was für eine Verschwendung! Nee – das war nichts für den sparsamen Gustaf. Er machte sowas entweder von frischen Kartoffeln oder gar nicht.

Julchen kam mit der Kartoffeltüte, und Vater und Tochter begannen mit dem Schälen. Aber es mußte wohl doch sehr lange hergewesen sein mit Gustafs Kochkünsten, denn die Knollen sahen recht klein aus, nachdem sie Gustafs schwielige Pfoten passiert hatten. Julchen verschluckte zunächst respektvoll ihr Gekicher, dann aber lachte sie den Vater laut aus. Ob der Spaß machte? Wo er doch sonst in allem so geschickt war. Das sah ja fast so aus, als ob er noch nie Kartoffeln geschält hätte.

Als die Schüssel halb voll war, sagte Gustaf „Autsch!" und steckte den Finger in den Mund. Das Messer war blutig, die Kartoffel auch, und Julchen schrie: „Iiiih – Bluuut!" – Obwohl sie sich schrecklich ekelte, mußte sie dem Vater einen Verband um den Finger machen. Es war ein monströser Takling, und Gustaf fiel – das leuchtete Julchen ein – als Kartoffelschäler aus. Sie würde also allein weiterschälen müssen. – „Ich glaube, es genügt jetzt", sagte sie daraufhin und fügte hinzu: „Ich bin auch gar nicht so hungrig."

„Gut", sagte Gustaf, „also – häm – also was kommt jetzt?"

Jetzt müssen wir sie reiben", sagte Julchen, deren weibliche Erbanlagen plötzlich zum Durchbruch kamen.

„Womit?" fragte Gustaf.

„Och –", sagte Julchen, „da war doch immer so 'ne Reibe." – Sie mußte es genau wissen, denn sie hatte mit dem Ding früher am Strand gespielt und den Sand damit gesiebt. – In einer verlassenen Ecke der Pantry fand sich die Reibe tatsächlich an. Büschen verrostet und verbeult, aber immerhin eine Reibe.

„Wer reibt?“ sagte Gustaf. – „Wir beide“, antwortete Julchen.

Da Gustafs linke Hand durch den Verband außer Gefecht gesetzt war, klemmte er die Reibe zwischen die Knie und rieb mit der Rechten. Nach der fünften Kartoffel besah er sich eingehend seine Fingerspitzen.

„Was is?“ wollte Julchen wissen. – Als sie Vaters Fingerkuppen sah, wußte sie, was los war. Ihr ging es so ähnlich. – „Du“, sagte sie, „ich glaube, wir machen erst mal *einen* Puffer zur Probe. Dafür langt es allemal.“ – Von den 10 Pfund Kartoffeln war knapp ein Drittel geschält und von dieser Menge ein Viertel gerieben; der Kartoffelmatsch bedeckte nur eben den Boden einer flachen Schüssel.

„Also los“, sagte der Skipper, „steck den Primus an.“ – „Wie macht man das?“ sagte Julchen und fügte entschuldigend hinzu: „Das macht doch sonst immer Mutti.“

„Ach was – Mutter“, knurrte Gustaf unwirsch, „ich zeig es dir. Es wird höchste Zeit, daß du es lernst.“

Er suchte den Spiritus zum Anheizen und fand ihn nicht. Zum Frühstück war er doch noch dagewesen. – „Wir können ja auch an Land essengehen“, sagte Julchen. „Quatsch“, sagte Gustaf und spritzte stattdessen kostbares Feuerzeugbenzin auf die Vorwärmpfanne. Dann pumpte er Druck auf den Petroleumbehälter und zündete die Pfanne an. „Paß gut auf“, sagte er zu Julchen, „wenn's rauscht, Ventil langsam öffnen. Is ganz einfach. Kann jedes Kind.“ – Bei diesen Worten drehte er das Ventil auf – aber anstelle einer rauschenden Flamme fauchte eine blakende, stinkende Petroleumfontäne steil gegen die Kajütendecke und vernebelte mit schwärzlichem Gewölk das Innere der Kombüse.

„Verdammter Mist, das Ding ist verstopft – wo ist die Düsennadel?“ herrschte er Julchen an, die doch wirklich nichts dafür konnte. – „Weiß ich nicht“, sagte Julchen ängstlich, denn mit Vater war in solchen Augenblicken nicht zu spaßen.

Was hatte Frieda gesagt? Die Düsennadel liegt . . . Himmeldonnerwetter, wo kramte diese unordentliche Person immer alles hin. Nichts war wiederzufinden, was sie einmal in der Hand gehabt hatte.

„Versuch es doch noch mal", sagte Julchen. Gustaf versuchte es noch einmal. Wieder stank es nach blakendem Petroleum. Die Kombüsendecke färbte sich schwarz. Gustaf griff zum Werkzeugkasten. Er zerlegte den Brenner in seine Einzelbestandteile, blies die Leitungen durch und brach bei dem Versuch, die Düse zu reinigen, eine feine Nähnadel darin ab.

„Bei Mutti hat der Kocher das nie gemacht", steuerte Julchen ihren Anteil zu dem Debakel bei. Sie entlud dabei bei Gustaf eine Kanonade übler Schimpfreden, die in der ernstklingenden Drohung gipfelten, er würde in Zukunft kein Weibsstück mehr an die Pantry lassen und die Kocherei wieder selbst in die Hand nehmen.

„Lieber nicht", sagte Julchen schnippisch, jedoch klugerweise so leise, daß der Vater es nicht hören konnte.

Gustaf streute Zucker auf den kalten Kartoffelschlamm und goß etwas Dosenmilch darüber. Man konnte das doch nicht wegschütten – „Schmeckt prima", sagte er und schob Julchen die Schüssel hin. – „Igittigitt", sagte Julchen und spuckte das Zeug aus.

Dann gingen sie ins Strandhotel und bestellten sich ihr Mittagessen beim Kellner. Natürlich was Billiges. Bratkartoffeln mit Spiegelei. Julchen zog eine Schnute, aber sie sagte nichts. Sie hatte plötzlich Sehnsucht nach der Mutter.

Gustaf auch, aber er hätte das niemals zugegeben.

Am nächsten Sonntag roch es auf der SINDBAD herrlich nach frischen, knusprigen, goldgelben Kartoffelpuffern. Man sah Friedas rotes Gesicht aus dem Niedergang leuchten, während Gustaf und Julchen mit vollen Backen kauten.

Und die Düsennadel war auch wieder da.

Theorie des Segelns

Julchen kam heulend von der Schule nach Hause. „Huh, huh – die Lehrerin hat gesagt, das mit dem Kreuzen das stimmt gar nicht. Und ich hab der ollen Zicke bloß gesagt, denn soll se mal bei uns mitsegeln. Und da hat se gesagt, ich bin immer so vorlaut, und ein Schiff kann niemals gegen den Wind ansegeln. Das sei gegen die füsi ... fisi ... also das sei wissenschaftlich unmöglich. Und dann hat se mir ne Fünf gegeben, huhuuh!"

Frieda strich der Tochter ein wenig ratlos über den blonden Schopf. „Nun putz dir erst mal die Nase. Und heute abend fragen wir Vater; der weiß das bestimmt. Vater weiß alles."

Schnief, schnief – Julchen konnte sich nicht so schnell beruhigen. „Sag doch mal selbst, Mutti, wie kann die so etwas behaupten. Wo Vati doch immer brüllt: Fock dicht – höher ran! Kannst *du* mir denn das nicht erklären?"

„Ach weißt du", sagte Frieda verlegen, „ich bin schon so lange aus der Schule raus, aber wenn die Lehrerin das sagt, wird es wohl stimmen."

„Mönsch Mutti", kreischte Julchen hysterisch, „nu sagste auch so was. Als obste nie mit uns gekreuzt wärst. Na und die Bolzerei vom letzten Sonntag? Da hatten wir doch alles von vorn!"

Mein Gott – hoffentlich erlitt das Kind keinen Nervenzusammenbruch. Gut, daß Vater bald nach Hause kam. Nur er konnte solch einen komplizierten Fall lösen. Nein, diese ungebärdige Jugend. Immer gleich kontra. Dabei war es doch so gleichgültig, ob ein Schiff nun kreuzte oder nicht. Sie hatten ja heute alle einen Motor.

Vater kam. Beide Frauen empfingen ihn sichtlich erregt an der Korridortür. Sie redeten durcheinander, und Gustaf verstand kein Wort. „Also nun schön der Reihe nach", sagte er und zog Julchen auf seinen Schoß, obgleich sie eigentlich schon zu groß dafür war.

Julchen berichtete, was ihr in der Schule widerfahren war. Die „Zicke" ließ sie diesmal weg. Vater war in solchen Sachen ziemlich altmodisch.

„Quatsch", sagte Gustaf, nachdem er sich den Sachverhalt dreimal von Julchen hatte wiederholen lassen, „also das ist alles großer Quatsch." Und er griff nach seiner Zeitung, denn der Tag war anstrengend gewesen, und ein Mann hatte schließlich Anspruch darauf, abends die Zeitung zu lesen.

„Was ist Quatsch", sagte Julchen und zog ihm die Zeitung weg. „Kann man nun gegen den Wind ansegeln oder nicht?"

„Jaa!" sagte Gustaf gereizt.

„Was ‚jaaa' – kann man oder kann man nicht?" – Julchen ließ nicht locker.

„Ihr habt beide recht", sagte Gustaf. Und nach einer kurzen, nachdenklichen Pause fügte er hinzu: „Genau gegenan geht natürlich nicht, aber vier Strich bei Schulwasser, das geht. Gerefft sechs Strich."

„Aber Vati, die olle Z . . . also die Lehrerin sagt doch, das sei wissenschaftlich unmöglich. Segelschiffe könnten höchstens bei halbem Wind segeln."

So'n Weibertratsch! Gustaf langweilte dies unfruchtbare Gespräch. Geradezu lachhaft – dann würden sie bei Nordost ja nie nach Schleimünde kommen. So etwas Dummes konnte höchstens die Turnlehrerin gesagt haben.

„Nö", sagte Julchen, „die, bei der wir Englisch haben."

„Na, siehste", sagte Gustaf. Die sollte den Kindern lieber unregelmäßige Verben beibringen, statt vom Segeln zu tüünen.

„Aber das war doch so'n ulkiges englisches Gedicht. Da kam das drin vor – „going windward" oder so ähnlich. Und da hat die gesagt, das ist dichterische Freiheit. Und ich hab gesagt . . ."

„Nu holl mol de Luft an", sagte Gustaf, „ich hab dir doch erklärt, daß ein Schiff kreuzen kann. Und du weißt es ja auch selbst. Was gibt es da noch zu quasseln."

„Aber das glaubt sie mir eben nicht. Und wie soll ich es ihr beweisen?"

Beweisen? Daß eine Yacht kreuzen konnte? – „Bring mir Papier und Bleistift", sagte Gustaf grantig und legte die Zeitung endgültig zur Seite. Warum

war Julchen bloß kein Bengel geworden. Diese gackernden Dweilköpfe konnten einem Mann wirklich die Nerven zersägen.

„Sieh mal, das ist doch ganz klar“, sagte er und malte einen dicken Pfeil auf das Papier, „das ist der Wind“. So hatte er es damals im Führerscheinlehrgang gelernt. Es war recht einfach gewesen. „Also das ist der Wind. Und das hier ist das Schiff. Und so“ – er malte einen zweiten Pfeil – „so trifft der Wind auf das Segel. Und so“ – ein neuer Strich erschien am Steven des Papierschiffes – „so fährt es vorwärts. Hast du das nun kapiert? Der dicke Pfeil hier am Steven, der zeigt doch deutlich, wie das Schiff vorwärts fährt.“

Julchen schien nicht überzeugt. „Ja, auf dem Papier", sagte sie zweifelnd, „aber wie ist das in Würklichkeit?"

„Verdammt, das ist doch die Wirklichkeit", sagte Gustaf grimmig und verband die Striche zu einem übereck gestauchten Viereck. Das Schiff sah jetzt aus wie eine aufgehende Sonne, deren Strahlenkranz sich über einer hochkant gestellten Kimm ausbreitete.

„Aber Vati, den dicken Pfeil kann man doch auch nach hinten zeichnen. Dann fährt das Schiff nicht vorwärts, sondern rückwärts."

„Dummes Gör", schalt Gustaf, „hol mir mal die SEEMANNSCHAFT aus dem Bücherregal." Dort war alles schön säuberlich aufgemalt. „Hier, sieh dir das an" – sein Zeigefinger wies auf ein Gewirr von Pfeilen, Zahlen und Parallelogrammen.

Julchen studierte verwirrt das magische Liniengestrüpp. „Vati, hier steht was von ‚wirklichem' und ‚scheinbarem' Wind. Was ist denn das nun wieder?"

Ei verflixt. Daran hatte er nicht gedacht. Er war jetzt mit seinen Strichen durcheinandergeraten und knurrte gereizt: „Na ja – das ist, wenn du fährst."

„Aber warum *fahren* wir denn?" löckte Julchen wider den Stachel. Es klang fast schon patzig. Doch Gustaf hoffte immer noch, die verworrene Lage ohne Blamage meistern zu können. – Er zog einen neuen Strich – das war der „scheinbare" Wind, der etwas vorlicher einkam – und verband die Linien zu einem eindrucksvollen Kästchen. Die Sonnen-Aureole hatte sich jetzt zu einem wildwuchernden Wirrwarr langer und kurzer Strahlen verdichtet, welche allenfalls schönes Wetter verheißen mochten. Für den mathematischen Beweis des Kreuzens boten sie indessen nur wenig Material.

Er merkte, daß er sich mit seinen Strichen verheddert hatte und beendete das Gespräch abrupt: „Haste das nun endlich kapiert?"

„Nö", sagte Julchen kiebig und zuckte verdächtig mit den Mundwinkeln. „So, wie du das gemalt hast, muß das Schiff rückwärts fahren – huhuhh". Und jetzt heulte sie wirklich.

Frieda, die den Abendbrottisch deckte, kam ihr zur Hilfe. „Laß dich von

Vatern nicht quälen. Und schon gar nicht vor dem Essen. Glaub lieber, was die Lehrerin sagt. Die hat schließlich studiert."

„Himmeldonnerwetter", fluchte Gustaf unfein, „die blöde Gans hat *Englisch* studiert; vom Segeln hat die keine Ahnung. Das habe ich Julchen doch eben gerade bewiesen."

„Gar nichts hat er bewiesen", schluchzte Julchen, „er macht bloß überall Striche auf dem Papier. Schnief, schnief."

Und Frieda fauchte ärgerlich: „Schäm dich, so zu fluchen. Was soll das Kind davon denken. Und man sagt auch nicht ‚blöde Gans' zu einer studierten Person. Die wird schon wissen, was sie den Kindern beibringt."

Gustaf beschäftigte sich mit seinen Bratkartoffeln und seufzte tief. Daß die Weiber nicht mal die einfachsten Sachen kapierten.

Durch das Klappern der Gabeln klang Julchens leises „Schnief – schnief."

Im Schatten der Titanen

„Geh doch ma hin", hatte Frieda gesagt. Und Julchen hatte hinzugefügt: „Alle Väter gehn da hin. Da triffste irre Typen. Fürschten und Weltumsegler. Vielleicht sogar 'n Bundeskanzler. Mönsch, Klasse!"

Gemeint war der Festakt, mit dem jedes Jahr der berühmte Kapitän-Schlitzohr-Langfahrtpreis verliehen wurde. Durch eine richtige Königliche Hoheit. Und mitten im Winter bei Eis und Schnee. Warum, wußte niemand. War eben so. Hätte man den längst dahingeschiedenen Stifter fragen können, ob er etwa . . . hätte man sicher etwas zu hören gekriegt. Aber das ging nicht, der war längst tot. Schiet lot em! Es war eben so, und wem es nicht paßte, der konnte ja wegbleiben.

Gustaf war zwanzig Jahre weggeblieben, denn seine Beziehungen zu Fürstenhäusern und Berufsseglern entsprachen ziemlich genau seiner Gier nach Langfahrtpreisen. Aber man wird schließlich älter. Und das ist ja eben das Gute am Segelsport, daß mit den Jahren neben dem Bizeps auch Gemüt und Herz durch häufige Übung kultiviert werden. Und Gemüt und Herz die waren nun mal dafür, die schönen, erhebenden Dinge im Leben auch richtig zu genießen. Warum also nicht mal nach zwanzig Jahren zur Verteilung, nein, ‚Verleihung' des Schlitzohr-Preises gehen. Einmal unter den Großen dieser Welt, den Gewaltigen der Pinne, den Königen der Blauen Zunft weilen!

Gustaf nahm sicherheitshalber Heini mit, damit er jemand zum Unterhalten hatte. Man konte ja nie wissen, wie so eine hochgestochene Party velief. Aber schon am Eingang des Saales wurde ihm beim Studium der Sitzordnung klar, daß er von Heini nicht nur geografisch um einige Kabellängen versetzt war.

Doch nun war ihm alles egal. Er warf sich in die Brust, daß die Rückennaht seines Blauen knackte, und ‚Schritt zur Tafel'. Er machte eine zierliche Verbeugung nach links, sagte „Gestatten, Gustaf", eine Verbeugung nach rechts und eine nach gegenüber. Düwel ok, da war er ja in eine noble Gesellschaft geraten. Lauter steife Hemdbrüste zu Dinnerjackets und Smokings. Einer war sogar im Frack mit einer Backspier voller Blech. Dat war sicher der Fürscht.

Gustaf peilte vorsichtig die Lage. Da war sie also, die Elite der Sieben Meere. Sahen eigentlich nicht danach aus. Büschen zu rausgeputzt, fand er. Zu eischfein für die See. Wer von diesen gestiefelten Katern mochte wohl schon mal über den Atlantik geseilt sein? Der Dicke zu seiner Linken? Kaum zu glauben. Mit dem breiten Mors paßte der besser in einen Managersessel an Land. Und der Lütte an Steuerbord, der mit den vielen Abzeichen und Ehrennadeln am Klub-Blazer, das schien wohl mehr so'n Funktionär zu sein. Vom Verband. Oder vom Bodensee. Mal sehen – – –. Er beschloß, beiden nachher ganz suutje auf den Zahn zu fühlen. Über irgend was mußte man sich ja schließlich bei Tisch unterhalten.

Die Suppe wurde eingeläutet, und mit ihr stieg der erste feierliche Toast. Gustaf erschrak – Dunnerkiel – war dat ergreifend! Er hatte nicht gedacht, daß man ihm für sein Geld soviel Tamtam bieten würde. Und erst die Begrüßung der Exzellenzen – Mann in de Tünn – die mußten sich ja wohl welche aus der Schweiz oder Österreich zugeborgt haben, denn hierzulande waren die in solchen Massen doch längst ausgestorben. Obgleich der Kommodore nur die mit den längsten Titeln aufzählte, dauerte es eine ganze Weile, bis die Kellner die Teller mit der kaltgewordenen Suppe wegräumen konnten.

Dann war erstmal Pause. Und das war die Gelgenheit für Gustaf, seine nachbarlichen Tischgespräche gezielt zu eröffnen. Aber komisch, immer wenn er seinen Kopf nach links drehte, um den Dicken zu fragen, ob er von hier sei (denn er hatte ihn noch nie am Bootssteg gesehen), quasselte der mit seinem Nebenmann. Und wenn Gustaf nach rechts zu dem Abzeichenständer schielte, redete der wie unklok auf seinen rechten Nachbarn ein. Und erst gegenüber! Da saß einer, der flachste über zwei Tische hinweg einen bulligen Stiernacken an, was alle furchtbar komisch fanden, denn der Bulle hatte den Inselpreis in den Sand gesetzt, weil er in einer Gewitterbö seinen Spinnaker übergekarrt hatte. Alle schienen sich zu kennen. Nur Gustaf kannte keinen. Und auch ihn schien keiner zu kennen, obgleich er doch immerhin seit zwanzig und mehr Jahren op See herumgeseilt war.
Nur Gustaf kannte keinen. Und auch ihn schien keiner zu kennen, obgleich er doch immerhin seit zwanzig und mehr Jahren op See herumgeseilt war.

Gustaf fand das alles überhaupt nicht komisch. Eher bedrückend. Wer karrte denn schon seinen Spinnaker über. Den nahm man doch rechtzeitig weg. Offenbar gab es Dinge im Leben dieser Elitemenschen, von denen er noch nie etwas gehört hatte. Er stellte seine Versuche, mit den Nachbarn Kontakt aufzunehmen, ein und spitzte die Ohren. Mal hören, worüber die sich unterhielten.

Doch da kamen die Ober mit frischen Tellern und viel Geklapper, das jedes andere Geräusch übertönte. Und nach den Tellern die Kartoffelbällchen, die saure Sahne, das gemischte Gemüse und das Appelmautz mit Kronsbeeren. Und dann die Hirschkeule – untermalt durch Mampfgeräusch und Rotspongeschlürf. „Prost" sagte der Dicke zu Gustaf und trank ihm zu. „Se sünn woll nich von hier", klopfte Gustaf auf den Busch. – „Nee", sagte der Dicke, „Flütz", was wohl soviel heißen sollte wie Fl.Y.C. – Gustaf hatte keine Ahnung, was das war. Ob er 'n Schipp hätte, wollte er wissen. „Klar", sagte der Dicke, „'ne IOR von A und R, verstehnse, Mark-III-Vermessung, Flushdecker!"

Gustaf verstand Bahnhof. Er kannte Ketsch und Yawl, Kutter, Sloop und ein paar dieser neumodischen Zelluloid-Glitschen, die aussahen und segelten wie Schuhkartons. Aber ein ‚Flushdecker' namens MARK war ihm noch nicht vor den Bug gelaufen. Von IOR ganz zu schweigen. Nee, dat war woll nix Gescheites. – Er wandte sich besser dem rechten Nachbarn – dem mit der Backspier – zu. Mann – der war ja schon ganz schön in Fahrt gekommen. Er kriegte gerade noch seinen letzten Rees mit, der etwa so klang: „Also, ich sage immer, Einseitenbandmodulation mit unterdrücktem Träger ist das größte Problem beim Orten von Küstenstationen." Als er sah, daß Gustaf ihm zuhörte, fügte er, zu ihm gewandt, hinzu: „Nicht wahr? Finden Sie nicht auch, daß die Bandbreite dafür viel zu schmal ist?"

Gustaf, der keinen Unterschied zwischen einem Einseitenband und einer Einbandseite machte, kuckte dumm aus der Wäsche. „Also, wat so 'ne Sachen angeht, also . . ." Aber da räumten die Kellner lautstark die Hirschkeulenreste ab, und er hörte seinen Nebenmann gerade noch erregt rufen: „Dann schon lieber die Trennschärfe durch Einbau keramischer Filter verbessern . . .", worauf das Geklapper der keramischen Teller den Rest seines Satzes überdeckte. War ja auch besser so. Sollte der Kerl doch seine Kaffeefilter einbauen wo er wollte.

Gottseidank folgten bald darauf die Laudatio und das Eis. Und anschließend die Preisvertei . . nicht doch! . . . Preisverleihung durch Kgl. Hoheit. Und eine lange Rede von jemand, den Gustaf nicht kannte, über Dinge, von denen er nichts verstand. Aber alle schienen sich zu freuen und klopften dem, der den Preis gekriegt hatte, auf die Schulter. Selbst die, die gehofft hatten, ihn zu bekommen und die leer ausgegangen waren, bezwangen ihre Wut und drückten dem Sieger die Hand, obgleich sie ihm doch sicher viel lieber in den Hintern getreten hätten. Ja, so fein waren dort die Sitten.

Und der Nachbar zur Linken rief: „Ich sag' euch, mit dem Reacher tat der Dampfer es einfach nicht. Aber als ich den Tallboy unterm Starcut setzen ließ, hatte ich Ted Heath plötzlich am Tampen." – Und der rechte Nachbar sagte etwas sehr Bedeutungsvolles über Einbandseiten oder Einseitenbänder, während der Mann gegenüber immer noch mit dem Bullen flachste, weil der die silberne Insel-Gießkanne nicht gekriegt hatte. – Gustaf war nicht zu Wort gekommen.

Trotzdem war es – fast – ein ganz gelungener Abend gewesen. Man hätte viel hinzu lernen können, wenn man nur verstanden hätte, wovon die sprachen. Als die Tafel aufgehoben wurde und alle lärmend in die Klubbar zogen, verkrümelte Gustaf sich. Ihm reichte es für heute. Er mußte das Ganze erstmal überdenken.

Auf dem Weg zur Garderobe traf er Heini. Komisch, der sah auch aus, als sei seine Seelenachse n' büschen verbogen. „He, Heini", sagte er, „ok all na Hus?" – „Klor", sagte Heini, „Mönsch, bün doch nich bescheuert." nach einer Pause, als er sich den Mantel angezogen hatte, fügte er hinzu: „Dat wolln Segler sein und können nich mal 'ne Winsch von 'n Spill unterscheiden. De sind höchstens, also wat sind de woll . . . de sind höchstens bi de Marine. Aber h ö c h s t e n s! Wenn nich noch weniger."

„Oder von 'n Bodensee. Mit ehre blankgeputzten Knöppe!" machte Gustaf seinem Herzen Luft. Heini hatte ihm das erst so richtig klargemacht, daß er da nicht hingehörte. Er hatte jetzt mit einmal das ungute Gefühl, als habe er zur falschen Zeit am falschen Ort einen Blick in eine fremde, beunruhigende Welt getan. Nein, im Schatten der Titanen lebte es sich nicht gut. Gustaf beschloß, fortan Fürstlichkeiten, silberne Gießkannen und Hirschkeulen zu meiden. Und um den Schlitzohr-Preis würde er sich auch nie bewerben. Nun erst recht nicht – God sall mi bewohrn!

Der Mann von nebenan

Sein Motorkreuzer hatte einschließlich Peildeck vier Stockwerke. Er lief kurz nach Gustaf Rudköbing auf Langeland an und machte im Südhafen unterhalb des großen Silos neben der SINDBAD fest.

„Jestatten, Brausewitz", grüßte er vom Söller seiner schwimmenden Festung. – „Justaff", sagte Gustaf, und damit war der Fall für ihn erledigt. Nicht aber für Julchen, die er in der Kajüte kichern hörte: „Hi, hi, Mutti – haste dem seine Eule gesehen? Die läßt sich bestimmt die Petersilie mit FLEUROP ins Haus schicken!"

Als Gustaf nach dem Abendbrot im Cockpit seine Pfeife anzündete, sprang der Penthouse-Skipper unruhig auf seinem Bootsdeck umher. „Laufen Sie morgen auch aus?" wollte er wissen. Gustaf mußte erst seine Regierung fragen. „Wat is, Olsch, seilt wi morjn na Nyborg?" – „Nee!" klang es aus dem Vorschiff. Das war Julchen. Langeland gehörte *ihr,* ebenso wie der obligate Rudköbinger Hafentag. Gustaf zuckte die Schultern. Die Regierung hatte gesprochen.

Aus dem Schutz des Niedergangs heraus beobachtete er alsdann, wie der Nachbar vom Altan seiner Poop aus versuchte, den Alabasterleib seines Lustkreuzers durch Ausbringen manschettenähnlicher Pfahlfender zu schützen. („Janz neuet Modell aus Vollschaum. Praktisch, wa?") Doch seine Arme waren so kurz und der Pfahl so lang. Also ließ er es. Dafür warf er einen nervösen Blick auf seine Windfahne im Topp des kurzen Mastes und sagte: „Staun' Se, wa? Sonderausführung, diamantjelagert, eijentlich mehr wat für Sejelyachten." Und dann fragte er Gustaf nach dem Wetter für morgen.

Wo er denn hinwolle, wollte Gustaf wissen. Nach Anholt – Gustaf verschluckte sich fast. Ob er dann nicht besser mal den Seewetterbericht befragte? Kiel Radio zum Beispiel. Da erfahre er alles Wissenswerte . . .

Nee – unterbrach ihn der Nachbar, das sei ihm zu ungenau. Dann lieber eine Törnberatung durch das Seewetteramt. Dafür wären die doch schließlich da. Wo denn hier das nächste Telefon sei? Gustaf erklärte es ihm. Kurz darauf verließ der Nachbar nebst eingehakter Gattin seinen Flugzeugträger über eine von der Beletage aus zum Land hin ausgelegte mediterrane Heckgangway. Vorher aber machte er sich auf geheimnisvolle Weise am Schloß seines gläsernen Deckshauses zu schaffen. Das letzte, was Gustaf von ihm sah, war die güldene Verbandsnadel für den Führerschein C am Revers und ein buntgesticktes Wappenschild „SHSS" auf der Brust seines Blazers, was wohl so viel wie „staatl. geprüfter Sporthochseeschiffer" heißen sollte.

Nachts um elf rumpelte die nachbarliche Gangway. Aha, der Hochseekapitän kam nach Hause. Kurz darauf peitschte das gellende Geheul einer Polizeisirene Gustaf aus der Koje und in Unterbüxen an Deck. Eine männliche Stimme auf dem Nachbarschiff rief „Scheiße!" Eine weibliche flötete erschrocken: „Aber Oskar! Ist das etwa unsere eigene Alarmanlage?" – Um es kurz zu machen – es war eine gute Anlage, sozusagen das Spitzenmodell einer bedeutenden Markenfabrik für Einbruchschutzgeräte. Sie verhinderte garantiert jedes unbefugte Betreten des Bootes. Und manchmal auch – siehe oben – das befugte.

Gustaf brauchte lange Zeit, bis er das Teufelsding entschärft hatte. Zuletzt mit brachialer Gewalt. Der Hafen war hellwach geworden und die Nacht zu Ende. Drohende Rufe schallten übers Hafenbecken.

Der Mann von nebenan bedankte sich gereizt bei Gustaf, warf die Leinen los und verließ eilends den ungastlichen Liegeplatz. Das Dinner an Land war schon mies gewesen, und nun noch diese Bescherung! Gustaf konnte sich die Frage nicht verkneifen, was denn die Törnberatung durch das Seewetteramt ergeben habe. „Nischt, absolut nischt", sagte der Sirenenbesitzer, „da lief nach 17.00 Uhr nur ein Tonband." – „Paß op", sagte Gustaf, der von Kiel Radio eine Windwarnung mitgekriegt hatte, „dat gifft örtliche Gewidders mit Böen!" Doch da blies ihm des Nachbarn Heck schon die rußigen Abgase eines kaltgestarteten Diesels ins Geäse. Pfui Deibel! Gut, daß sie heute in Rudköbing Familientag machten. Gewitter auf See waren nicht sein Fall.

Nach drei Tagen traf er den „Hochseh-Kapitän" wieder. In Anholt? Ach wat – in Kerteminde. Dort lag er auf der Werft und reparierte seine Radarantenne. Die hatte ihm eine Gewitterbö im Großen Belt vom Peildeck rasiert. Und auch sonst sah sein Kahn etwas mitgenommen aus. Ebenso wie seine Gattin, der es zu Hause wohl doch besser zu gefallen schien als im rauhen Kattegat.

Als Gustaf den Skipper am Hafen traf, hatte der immer noch seinen Blazer an. Aber irgendwas an ihm war anders. Ach ja – das güldene Verbandsabzeichen fehlte! Und ein geschickt drapiertes Kavalierstüchlein verdeckte das handgestickte SHSS-Wappen auf der linken Brusttasche.

Merke: Der Scheck heiligt die Mittel. (Sprichwort)

Heimlichkeiten

Jeden Herbst werden die Segler von einer mysteriösen Unruhe gepackt. Sie stecken die Nasen in den Inseratenteil der YACHT und bekommen dabei zittrige Finger. Auch Gustaf ist infiziert. Er trägt ein Foto in seiner Brieftasche. Er hält es dort sicher zwischen Standerschein und Personalausweis versteckt, damit Frieda es nicht findet. Es ist nämlich nicht Friedas Bild.

Wandelt Gustaf auf verbotenen Wegen?

Es scheint so. Jedenfalls benimmt sich so kein Gatte und Familienoberhaupt mit einem halbwegs reinen Gewissen. Gustaf wird rot, wenn seine Hand über die Stelle streicht, wo die Brieftasche die linke Brustseite polstert; seine Hände zittern, wenn er die lederne Hülle öffnet, um Frieda das Haushaltsgeld auf den Küchentisch zu zählen.

Er macht sich durch seine fahrige Nervosität in höchstem Maß verdächtig.

Früher kramte er vor dem Schlafengehen unbekümmert den Inhalt seiner Taschen aus und packte Schlüsselbund, Geldbörse und Brieftasche auf den Nachttisch, bevor er sein Jackett sorglos über die Stuhllehne warf. Jetzt aber hängt er plötzlich den Rock über einen Bügel, den er pedantisch im Kleiderschrank verschließt. Und keine Brieftasche ziert den Nachttisch, so daß Frieda beim Zubettgehen argwöhnisch zur Seite schielt, um herauszubekommen, weshalb Gustaf sich mit einmal so seltsam verhält.

Aber Gustaf – dumm wie die Männer sind – merkt nicht, daß Frieda längst etwas gemerkt hat.

Frieda ist alt und schlau genug, um die verräterische Veränderung in Gustafs Wesen zu spüren und – auf ihre Art – zu deuten. Sie kennt, wie sie meint, ihren Gustaf durch und durch. Wer könnte ihr schon etwas vormachen!

Und doch kommt sie nicht hinter Gustafs sorgsam gehütetes Geheimnis, denn Gustaf hat in 15 Ehejahren gelernt, wie ein Mann sich in solchen Fällen zu verhalten hat. Erst wenn er morgens in der Straßenbahn sitzt, zieht er das Bild behutsam aus der Brieftasche und beäugt es vorsichtig, damit ihm niemand dabei über die Schulter sieht. Er macht es sehr geschickt und überaus unauffällig; niemand kann erkennen, was er da so glückselig und mit verklärtem Glanz in seinen unschuldigen Augen anvisiert. Warten wir also eine bessere Gelegenheit ab!

Während der Frühstückspause im Büro fingert er schon wieder an seiner Brieftasche herum. Man sieht ihm an, wie glücklich ihn der Anblick des Bildes macht, aber erkennen kann man immer noch nichts, denn Gustaf hat seinen Schatz mit ein paar Schriftstücken wirksam gegen scheele Blicke von der Seite getarnt.

Erst in der Mittagspause, als Gustaf in der Kantine seinen Eintopf löffelt, gelingt es, über den Tisch hinweg einen Blick auf sein heimliches Idol zu werfen. Teufel auch, was hat der Gustaf für einen gediegenen Geschmack! Wer etwa vermutet hätte, dort irgendein Pin-up-Girl oder gar etwas noch Unanständigeres zu sehen, müßte sich schnell eines Besseren belehren lassen. Nichts Halbweltliches, nichts Anrüchiges ist es, was Gustafs Augen leuchten macht – nein, es ist ein gesundes, schlankes, edel gebautes Etwas mit klaren, regelmäßigen Linien und gepflegter, glatter Haut.

Gustaf verschlingt mit hungrigen Blicken die wohlproportionierte Schöne, deren Konterfei er in seiner schwieligen Pfote fast zerdrückt. Armer Gustaf! Er hat sich da offenbar in eine hoffnungslose Situation hineinmanövriert. Was sollte solch ein strahlender (und sicher sehr verwöhnter) Engel denn schon mit dem biederen, brummigen Gustaf anfangen? Daß die Angebetete so eine Art „Miss Sowieso“ sein muß, ist dem Bild unschwer zu entnehmen, denn es sind sogar ihre Maße und ihr Gewicht am unteren Rand des Fotos angegeben.

Gustafs knorriger Zeigefinger folgt mit zärtlicher Gebärde der Linienführung ihrer unwahrscheinlichen Figur; er ist offenbar tief bewegt.

Gustaf, Gustaf! Zugegeben, es mag eine platonische Liebe sein, aber schickt sich so etwas für einen Mann in deinen Jahren – für jemanden, der eine nette, treue Frau zu Hause hat und einen so süßen Fratz wie Julchen? Wenn Gustaf das vergessen haben sollte, müssen wir uns fragen, wie es denn nur möglich war, daß ihn ein harmloses Foto so völlig durcheinanderbringen konnte – ihn, den nüchternen, zuverlässigen, korrekten Gustaf. Nun, man könnte es sich einfach machen und spotten: „Wo die Liebe hinfällt . . .!" Aber damit hätte man ihm unrecht getan. Seine Emotionen sitzen tiefer; das ist nicht die törichte Verliebtheit eines Jünglings. Und schon gar nicht die lüsterne Hitzköpfigkeit eines senilen, alten Knaben. Nein – ihn hat etwas übermannt, gegen das selbst ein Kerl wie Gustaf nicht gefeit ist; die beglückende, beseligende, erhebende Befriedigung, die der Anblick vollkommener Schönheit bereitet. Dem Reinen ist alles rein; und ein Schuft ist, wer Schlechtes dabei denkt.

Gustaf schüttelt resignierend sein Haupt. Zärtlich steckt er das Bild in die Brieftasche (an den sicheren Platz hinter dem Führerschein) zurück. Es ist wie bei Christian Morgensterns unvergeßlichem „Palmström":

„ . . . er gehört zu jenen Käuzen,
die oft unvermittelt-nackt
Ehrfurcht vor dem Schönen packt.
Zärtlich faltet er zusammen,
was er eben erst entbreitet,
und kein Fühlender wird ihn verdammen,
weil er ungeschneuzt entschreitet."

Nein, er hat wirklich niemanden, dem er sich offenbaren, niemanden, mit dem er sich aussprechen könnte – und gerade das ist es, was ihm helfen würde.

Abends, nach Dienstschluß, fährt er am Hafen vorbei und besucht seine SINDBAD. Dicke, alte SINDBAD – was kann sie dafür, daß ihr Herr und Meister in Gedanken fremd geht? Sie kann sich nicht anders geben, als sie eben ist – behäbig, bieder und ein wenig zu rustikal für einen Schipper mit einem so unruhigen Herzen wie Gustaf.

Als Gustaf im Cockpit sitzt, zieht er noch einmal das Foto aus seiner Brieftasche. Er blickt auf das Bild. Dann blickt er auf sein Schiff und betrachtet es lange. Mein Gott – welch Unterschied! Aber SINDBAD ist die Wirklichkeit, und das Foto stellt eben doch nur ein Wesen aus einer anderen Welt dar, unerreichbar, unnahbar – ein Traum, ein heimlicher Gedanke, ein verstohlener Wunsch, der schon zerronnen ist, sobald man versucht, ihn in Worte zu kleiden.

Als er Heini über den Steg auf die SINDBAD zukommen sieht, überfällt ihn jäh die Erkenntnis der prosaischen, nackten Realitäten des Lebens. Gustaf zuckt zusammen. Er nimmt das Foto, das ihn in den letzten Tagen fast um den Verstand gebracht hat, behutsam zwischen die Fingerspitzen und zerreißt es seufzend in viele kleine Fetzen, die er neben die SINDBAD ins ölige Wasser des Yachthafens streut.

Als Heini zu ihm an Bord klettert, hat der Küselwind die kleinen Schnipsel schon fortgetragen. Es gibt eben Dinge, die ein Mann mit sich allein abmachen muß.

Pädagogische Lektion

„So, mien Deern, nun hole uns schnell noch einen Kanister voll Trinkwasser – dann kann die Reise losgehen!"

Gustaf, der Kapitän, sprach's, und Julchen setzte sich – mißmutig wie immer, wenn man etwas von ihr wollte – in Bewegung. Nach fünf Minuten meldete sie sich wieder an Bord. Ohne Trinkwasser. „Ich kann keinen Wasserhahn finden!"

Zorneswolken verdüsterten die sonst so heiteren Züge ihres Erzeugers: „Dämliches Frauenzimmer!"

Frieda schaltete sich ein: „Was du immer mit dem Mädchen hast. Hole doch lieber selbst Wasser. Der Kanister ist überhaupt viel zu schwer für das Kind." (Nun war Julchen plötzlich ein „Kind". Gestern abend, als die Göre nicht zur Koje gehen mochte, war sie „zu alt, um dauernd herumkommandiert zu werden". Kenne sich einer bei den Frauen aus!)

„Komm mit!" raunzte der Schiffer ungnädig seinem Töchting zu. „Du mußt endlich lernen, die Augen aufzumachen. Ich werde dir mindestens zehn Wasserhähne zeigen."

„Einer genügt", kommentierte Frieda. Vater und Tochter zogen ab.

Auf Spodsbjergs Fischereibrücke standen einige unrasierte Küstenbewohner und erzählten sich die Neuigkeiten des Tages, indem sie sich schweigend ansahen.

„Wahn?" fragte Gustaf in fließendem Dänisch, was auf deutsch soviel hieß wie: „Guten Tag, können Sie mir bitte sagen, wo es hier Wasser gibt?"

Die Küstenbewohner antworteten weitschweifig und mit der einem Fremden gegenüber gebotenen Politesse, indem der Gesprächigste mit seinem Pfeifenstiel über seine linke Schulter hinweg auf einen weiß angestrichenen Schuppen deutete.

„Siehste", sagte Gustaf mit maliziösem Grinsen. Julchen war sprachlos.

Im Halbdunkel des Schuppens waren zwei andere Männer damit beschäftigt, tote Fische in handliche Stücke zu sezieren. In einer Ecke glänzte an der Wand ein Messinghahn.

„Wahn?" fragte Gustaf wieder in seinem klassischen Dänisch. Diesmal sollte es bedeuten: „Gestatten Sie, meine Herren, daß ich hier mal eben Wasser fasse?"

Man gestattete mit der gleichen überschwänglichen Begeisterung, wie sie die Männer draußen gezeigt hatten, durch ein Nicken mit dem Kopf. Einer der Fischereianatomen sagte ein paar Worte in gutturalem Küstendänisch.

„Was sagt er?" fragte Julchen den Vater. Gustaf, der nicht zugeben wollte, daß er kein Wort verstanden hatte, log mit überzeugender Schlagfertigkeit: „Er sagt, es wäre in Ordnung."

Julchen hielt den Kanister an den Wasserkran. „Das Wasser rauscht, das Wasser schwoll." Dann wanderten Vater und Tochter gemächlich an Bord zurück, nicht ohne sich vorher gebührend bei den Küstenmenschen mit einem weltmännischen „Tack" bedankt zu haben.

Frieda verstaute den Kanister. Man verließ Spodsbjerg. Der nächste Hafen war Nyborg.

Auf See unterhielt Gustaf seine Besatzung mit munteren Maximen über Jugenderziehung im allgemeinen und die symptomatische Bedeutung von Julchens vergeblicher Wassersuche im besonderen. „Was meint ihr wohl", fügte er mit berechtigtem Stolz hinzu, „was aus mir geworden wäre, wenn ich in jungen Jahren so wenig Initiative gezeigt hätte wie unser Fräulein Tochter? Ich sage euch: Lieber etwas Falsches tun. Aber handeln!"

Als sie gegen Mittag Hov querab hatten – jene bedeutsame Ecke, wo Langeland zu Ende ist und die Schrecken der eigentlichen Seefahrt beginnen –, verspürte der Schipper Appetit auf einen ordentlichen Mokka.

Frieda klapperte eine Weile in der Kombüse. Dann stieg ein köstlicher Duft über den Niedergang ins Freie.

Die Kaffeemuggen nahmen auf dem Brückendeck Paradeaufstellung ein. (Frieda war sehr für Ordnung.) Auch Zuckerdose, Sahnepott und Umrührwerkzeug prangten zierlich gestellt auf kreuzstichverziertem Linnen. Die Feierlichkeiten konnten beginnen.

Die drei Seefahrer schlürften verzückt den ersten Schluck. Pfui Deibel – was war denn das? Das sollte Kaffee sein? Gallbitter stieg es ihnen in die Kehle.

„Natürlich hat Mutter Salz in die Zuckerdose getan", schimpfte Gustaf los. (Angriff ist die beste Verteidigung.)

Frieda blieb nichts anderes übrig, als säuerlich zu protestieren: „Natürlich – immer ich."

„Na wer denn sonst?" konterte der Schipper mit grollendem Unterton.

Julchen leckte am Zuckerpott. „Is Zucker", sagte sie trocken.

– – ? ? – –

Ein toller Verdacht glomm vage in Frieda hoch. Sollte etwa . . . ? Sie langte sich den Kanister. Ein Leuchten verklärte ihre eben noch schuldgequälten

Züge. Sie sah den Käpt an. „Ich will dir mal sagen, wer hier was hat," und ihre Stimme klang dabei heimtückisch-triumphierend, „hier hat nur einer, und das bist du!" Und sie knallte den mit bitterem Seewasser gefüllten Kanister auf das Brückendeck, während Julchen in ein gellendes Indianergeheul ausbrach:

„Vater hat den Salzwasserhahn erwischt, juhuuh!"

Ein bestürzter Kapitän rang nach Worten, um sein Ansehen zu retten. Aber für heute war es damit aus. Nicht mal eine Ohrfeige für Julchen hätte daran etwas ändern können.

Und dabei hatte sie doch schließlich schuld an allem.

Föhn

Gustaf hat einen Vetter in Bayern. Der hat am Chiemsee in eine Metzgerei eingeheiratet. Mit angeschlossener Pension und Blumenkästen vor den Fenstern. Gustaf nennt ihn „den Lackl“, obwohl er auch aus Kiel stammt. Und er schreibt ihm nur zu Weihnachten.

Der Vetter hat die Kieler Verwandschaft schon öfter eingeladen. Er schwärmt von seinem Chiemsee und behauptet, man könne dort sogar segeln. Na ja, was der so „Segeln“ nennt. Gustaf hat den Teich auf Julchens Atlas kaum gefunden. Außerdem hält er die Bayern für das Produkt eines mißglückten Kreuzungsversuchs zwischen Österreichern und Preußen; und er ist auch bereit, ihnen dies ins Gesicht zu sagen. Wenn er mal welche treffen sollte. Aber er trifft nie welche. Ist ja auch egal. Nun hat der Vetter sie wieder eingeladen, und Frieda hat kategorisch erklärt: „Wir fahren!“ – „Aber erst Ende Oktober, wenn die Schiffe an Land sind“, sagt Gustaf, dem sein übliches „Quatsch“, diesmal im Hals stecken bleibt, als er Friedas Gesicht sieht.

„Nein“, sagt Frieda, „in den Sommerferien. Wir kommen etwas früher mit der Sindbad von Dänemark zurück und fahren dann zu Vetter Max!“

„Quatschbleudsinnverdammtermistümmerdieseweiber“ brummt Gustaf. Aber sie fahren. Es ist die erste Reise ihres Lebens, die sie über Hamburg hinaus nach Süden führt, und Gustaf möchte in Hannover am liebsten aus dem Zug steigen und nach Kiel zurückfahren. Das schöne Reisegeld! Dafür hätte er fast ein neues Großsegel bekommen.

In München angekommen, möchte Frieda sich Frauenkirche und Hofbräuhaus ansehen. Doch Gustaf führt sie gleich zum Salzburger Zug. Er haßt München, er haßt diese Reise, er haßt Frieda, es gibt nichts, was er nicht haßt.

In Prien holt Vetter Max sie mit seinem Auto ab. Er erwartet sie auf dem Perron, aber Gustaf erkennt ihn fast nicht. Er mustert mißbilligend die Jacke mit den Hirschhornknöpfen und ärgert sich, daß Max mit Kieler Tonfall spricht. Wo der doch längst ein Bayer ist.

Max zeigt auf die zartblaue Kulisse der Alpenkette über dem Bahnhofsgebäude und sagt: „Schön, nicht?“ – „Hm“, antwortet Gustaf, „wo is ’n das Wasser?“ – „Aber Vati“, sagt Julchen, „ümmer das olle Wasser.“ – Frieda schweigt.

Sie fahren aber dann doch am See entlang, und Max zeigt ihnen die Klosterinsel Nonnenwörth und die Herreninsel mit dem Königsschloß Ludwigs des Zwoten. Die Frauen jauchzen begeistert – nein, was für eine romantische Landschaft. „Hier soll dat sogar ’ne Werft geben“, sagt Gustaf mißgelaunt. Der Teich hat wenig Eindruck auf ihn gemacht. Mit der Förde überhaupt nicht zu vergleichen.

Sie fahren um den halben See herum in die Gegend zwischen Gollenshausen und Lambach. Maxens Frau, die Zenzi, empfängt sie vor dem Haus – eine rundliche, braungebrannte Chiemgauerin. „Jessas, dö Norddeitschen“, strahlt sie und schiebt sie ins Haus. Sie sollen erst mal was essen. Sicher Knödel denkt Gustaf, und schüttelt sich. Aber es gibt Schnitzel – zu Gustafs größtem Erstaunen. Vom Balkon aus sieht man über den See hinweg auf das zackige Massiv des Wilden Kaisers, und Max sagt: „Morgen fahre ich mit euch in die Berge.“ „Wat“, sagt Gustaf, „inne Berge?“ Mit Bergen hatte er nicht gerechnet. „Ick meen, wi künn hier schippern.“

★

Am nächsten Tag fährt Max sie über Ruhpolding und Reit im Winkl nach Kufstein. Die Mädchen sind rein weg – nein, diese wundervolle Gegend. „Von wo aus kann man denn hier auf deinen Teich kieken?“ fragt Gustaf gnatterich, denn er hat von den Bergen genug. – „O je, dann mußt du mit der Seilbahn auf die Kampenwand“, sagt Max und bringt sie nach Aschau. Gustaf fährt mit den Seinen auf die Wand. Kostet pro Kopf drei Mark. Sündhaft teuer, findet er, geradezu Nepp. Von oben sieht man auf den

Chiemsee herunter, dessen silbrige Scheibe in der Mittagssonne wie ein Scheinwerfer leuchtet.

„Is aber nich groß", sagt Gustaf und denkt an die 4 x 3 Mark für die Seilbahn. – „85 Quadratkilometer", sagt Max. – „Na ja, wie die Eckernförder Bucht", sagt Gustaf und meint, damit eine äußerst negative Feststellung getroffen zu haben. Als sie wieder zu Hause sind, fragt Zenzi, wie es ihnen gefallen hat. „Wundervoll!" kreischen die Mädchen und verdrehen die Augen. – „No, und *du*, Gustaff?" – „Ooch . . ." sagt Gustaf, „nich slecht. Dat's 'n Blick von dor boben as vun'n Laboer Ehrenmal". – Zenzi kennt das Ehrenmal nicht. Es muß sicher ein sehr schöner Blick von dort sein.

★

Am Tag darauf will Gustaf nun endlich auf den See. Segeln will er und die Werft besuchen. Zenzi schwärmt von der zauberhaften Klosterkirche auf der Fraueninsel, einer Sehenswürdigkeit aus dem neunten Jahrhundert. Aber Gustaf will die Werft sehen. Sonst nichts. Doch – – Segeln.

„Ich weiß nicht so recht", sagt Max „wir haben Föhn." – „Wat's dat?" will Gustaf wissen. Max erklärt es ihm. – „Quatsch", sagt Gustaf, „'n beten Wind op den Teich kann nich schoden."

In Seebruck mieten die Männer ein Boot. Frieda und Julchen sind bei Zenzi geblieben, mit der sie sich prächtig verstehen. Die Bayern sind gar nicht so, wie Vater immer sagt. Richtig nett und freundlich. Und die Wurst, die sie machen, ist einfach prima.

Max verhandelt mit dem Bootsvermieter. Ob's 'ne Schratze sein soll, fragt er Gustaf. Gustaf kennt keine Schratze, deshalb sagt er „Nö". – Oder ein Zugvogel? „Der Deibel soll mich . . ." sagt Gustaf, „de sünn doch ut Sperrholz." Also dann wäre da noch eine Hansajolle. „De is richtig, von der Weser kommt sie, und einen Kiel hat sie auch."

Ob sie segeln können, will der Vermieter wissen. – „Segg em, he kann mi mol . . ." sagt Gustaf und besteigt die Hansajolle. Heiß wie ein Schirokko bläst der Föhn in das Hafenloch. „Fief bis söss", schätzt Gustaf und reckt die Nase in die Luft. Man muß reffen, meint der Vermieter. „Repen? Op dissen Angelteich? Büss woll nich klok“, tut Gustaf das mit einer Handbewegung ab. Aber er dreht doch ein paar Ringe weg, um dem Verleiher einen Gefallen zu tun. Wo der solche Angst wegen dem Kahn hat.

Sie bolzen zweieinhalb Stunden mit dichten Schoten gegen die knallharte, kurze See an. Dann sind sie auf der Insel. Und quitschnaß. Die Werftleute machen gerade Brotzeit. Gustaf wundert sich, warum das hier „Brotzeit“ heißt und beguckt sich, was sie da so bauen. Büschen lütt allens, aber solide Verarbeitung. Hätt' er gar nicht gedacht von diesen Quiddjes. Würde Heini auch sein Spaß an gehabbt ham. Max will ihm noch die Klosterkirche zeigen, aber Gustaf winkt ab.

Der Wind hat nachgelassen. Kaum noch Stärke drei. Und jetzt, auf dem Rückweg, schräg von achtern. „Ausreffen“, sagt Gustaf, als sie zum Boot gehen. Einer von der Werft zeigt mit dem Schinkenbrot in Richtung auf den Wilden Kaiser. Dort türmen sich über dunkelblauen Bergzacken die schwärzlichen Konturen einer Gebirgslandschaft auf, die dort eigentlich nicht hingehört. „Unwetter“, sagt Max. „Quatsch“, sagt Gustaf und zuckt die Schultern. Büschen Sturm von achtern, na wenn schon. Bringt wenigstens etwas Leben in den Karpfenteich. Die Strampelvelos sind ja auch noch draußen.

Sie sind knapp eine Meile von der Insel weg, da haut ihnen die erste schralende Bö knatternd die Plünnen um die Ohren. Gustaf birgt das Großsegel und dreht vor der Fock ab. Fünf Minuten später kocht der See. Eine waagerecht dahinstiebende Gischtwolke verwandelt die Oberfläche des Wassers in ein fliegendes Gemisch aus Luft und Schaum. Es mögen 8, vielleicht auch 9 Beaufort sein. Die Fock knallt wie ein Maschinengewehr. Max wirft das Fall los und birgt das Vorsegel. Gustaf hockt bibbernd am Ruder. Wenn die Gischtwolken einen Blick zum Masttopp freigeben, sieht er das Fockfall dort oben wie eine Stange waagerecht auswehen. Der Wasserstaub legt sich um ihn wie Watte. Die Sicht beträgt knappe fünf Meter. Gustaf weiß nicht, wohin sie treiben. Er hat keinen Kompaß, keine Karte, stattdessen hat ihn das große Unbehagen gepackt. Fast wie im letzten Sommer auf dem Stollergrund, als die Gewitterbö sie halb nach Eckernförde trieb. Aber hier ist es schlimmer. Die Seen sind viel kürzer, steiler, und kein Raum zum

Treiben. Dazu diese schreckliche Watte, in der man fast erstickt. Vielleicht sollte man ankern, aber Gustaf weiß nicht, wie tief der See ist. Max weiß es auch nicht. Also lassen sie es.

Das Inferno dauert eine Viertelstunde. Dann dreht der Wind auf Südwest zurück, und der Himmel klart auf. Gustaf schippert die Jolle nach Seebruck und schüttet das Wasser aus seinen Bootsschuhen. Bis auf einen blutenden Daumen ist alles heil geblieben.

An den folgenden Tagen hilft er Max in der Metzgerei. Um den Daumen trägt er einen Verband. Vom Segeln wird nicht mehr gesprochen.

Als sie wieder in Kiel sind, führt ihn sein erster Weg zum Yachthafen. Dort trifft er Heini. „Na, wie war's?" will Heini wissen. „Mönsch", sagt Gustaf, „also was diese Bayern sind, die können ganz schöne Schiffe bauen. Soll man gar nicht denken von solche Quiddjes. Un weihn deit dat dor op ehre Tümpels – tein Windstärken un mehr. Junge, wat hett dat blosen! Kiek di mien Dumen an – binoh affbroken in'n Storm." Und er zeigt Heini den gequetschten Daumen.

„Süh, so", antwortet Heini ungläubig, „was du nich sagst. Möch man fast nich glauben. Also – richtige Schiffe haben die da unten. Und Sturm. – Verrückte Welt!"

Der Pfahl

Gustaf sitzt in froher Runde. Man diskutiert darüber, wie die Mannschaft sich helfen kann, wenn der Kapitän plötzlich ausfällt. Heini demonstriert drastisch alle möglichen und unmöglichen Katastrophenfälle.

„Was ist zum Beispiel", sagt er, „wenn ihr mit der Familie schippert und der Käptn im Seegang über Bord gewaschen wird? Können eure Kinder und Frauen euch wieder auffischen und an Bord zurückholen? Haben sie das gelernt? Habt ihr ihnen das beigebracht?"

Gustaf mischt sich ein. „Quatsch", sagt er. (Gustaf sagt immer erstmal „Quatsch", wenn er anderer Meinung ist. Damit gewinnt er Zeit zum Nachdenken.) „Wie kann ein Schipper denn außenbords gewaschen werden? Dazu müßte er doch nach vorn gehen, und wer tut das schon?" „Na", meint Heini, der sich so leicht nicht das Wasser abgraben läßt, „sagen wir: Er wollte reffen".

Aber Gustaf ist nicht zu überzeugen. „Kommt bei mir gar nicht in Frage, Reffen kann meine Olsch oder Julchen, aber der Schipper gehört ans Ror, wenn's dick wird."

Heini läßt nicht locker. „Na schön, dann kommt eine große See von achtern und wäscht dich aus der Plicht. Und dann?"

„Kann mir gar nicht passieren", trumpft Gustaf auf, „bin ja angeseilt!"

„Mönsch", fragt Heini ungläubig, „kannst du dir denn überhaupt keine Lage vorstellen, wo der Kapitän zu Bach geht?"

„Nee", erwidert Gustaf dickköpfig, „dann hat er selbst schuld und soll versaufen. Bei mir kommt jedenfalls niemand anders ans Ruder als ich. Wär ja noch schöner!"

Heini macht eine letzten Versuch: „Nimm mal an, du kriegst den Großbaum an den Schädel und wirst besinnungslos. Wer tritt dann an deine Stelle?"

„Quatsch!" Gustaf holt tief Luft und denkt angestrengt nach, „dann muß man seinen Poller eben rechtzeitig einziehen. Aber Frauen und Kinder am Ruder sind Quatsch!"

„Man sollte doch wenigstens versuchen, es ihnen beizubringen." Heinis Stimme klingt wenig überzeugend.

„Das lernen die mit ihren zwei linken Händen doch nicht!"

Das war am Freitag.

★

Am Wochenende segelt Gustaf mit Frieda und Julchen nach Seedorf. Als sie am Sonntagnachmittag ablegen wollen, steht der Wind genau ins Loch. Gustaf fährt eine lange Leine zu einem luvwärts befindlichen Pfahl aus und verholt die dicke SINDBAD daran quer durch den Hafen. Dann bindet er sein Schiff an dem Pfahl fest und setzt in Ruhe Segel. Als er damit fertig ist, erwacht sein pädagogisches Gewissen, und er zeigt Julchen, wie die Fallen aufgeschossen werden müssen. Julchen fragt den Vater in ihrer kindlichen Unschuld, wie man denn nun aus dem Hafen komme, aber Gustaf denkt an sein Gespräch vom Freitagabend und knurrt ungnädig:

„Dor quäl di man nich üm. Davon versteihst du doch nix."

Frieda klappert in der Kombüse mit Pött und Pann. Der Betrieb an Deck interessiert sie wenig. Das ist nicht ihr Ressort. „Soll ich an die Pinne gehen, Vater?" fragt Julchen kleinlaut.

„Quatsch", gibt Gustaf zur Antwort, „Kinners haben am Ruder nichts zu suchen. Fot mi nich dat Ror an!"

Und mit diesen Worten beginnt er, behende wie ein Eichhörnchen an Deck umherzuspringen. Er fiert die Dirk, überholt die Großschot, gibt Lose in die Backstagen und setzt das Festmach-Ende am Pfahl auf Slipp. Alles gleichzeitig. Julchen blickt voll Bewunderung auf den Vater. Wie der das kann!

Das Volk am Hafen ist aufmerksam geworden und schickt sich an, das komplizierte Auslaufmanöver mit Kennermiene zu beobachten. Gustaf hat das längst gemerkt und genießt das herrliche Wonnegefühl, anerkannt und bestaunt zu werden. Doch nun kommt das Prunkstück der Schau: Mit loser Großschot und backgesetzter Fock übers Heck vom Pfahl freizudrehen und unter langsamem Dichtnehmen der Schot der Hafenausfahrt zuzustreben.

Hierbei geht es – wie jeder weiß – um Sekunden. Aber was sind für Gustaf Sekunden. Das wäre ja gelacht!

Er holt SINDBADS Steven auf die richtige Seite des Pfahls, hält die Leine zum Slippen bereit in der Faust und ruft dem Töchting zu: „Fock back!" Dann krümmt er sich wie zum Sprung, um mit einem gewaltigen Tritt seiner langen Haxen das Schiff quer vom Pfahl abzusetzen, nach achtern zu rasen, das Ruder zu übernehmen, die Großschot dicht- und die Fock auf die andere Seite zu holen. Für den Laien eine atemberaubende Darbietung, für Gustaf indes nur „kleine Fische".

Doch das Unternehmen verläuft nicht wie geplant. Als Gustaf gerade – unter gleichzeitigem Losgeben der Vorleine – seinen Fuß gegen den Pfahl stemmen will, um das Schiff abzusetzen, bekneift die Leine und läßt sich nicht slippen.

Gustaf greift um den dicken Pfahl, aber er kann nicht feststellen, warum die Leine hakt, und er fingert im Leeren. Sehen kann er auch nichts. Dazu müßte er hinter den Pfahl blicken, aber der ist nicht durchsichtig. Der Schiffer macht einen Giraffenhals und versucht um die Ecke zu schielen. Die von Julchen mit Eifer backgeholte Fock läßt SINDBAD an der Leine zerren. Das Schiff beginnt mit dem Heck zu drehen. Zum Donnerwetter, die Leine muß sich doch lösen lassen!

Gustaf stellt sich auf die Zehenspitzen. Als das immer noch nicht genügt, steigt er auf den Bugkorb, umklammert den Dalben mit einem Arm und reißt mit dem anderen an der Leine. Da – endlich gibt sie nach. Gustaf holt die Lose durch, aber er erwischt in der Eile die falsche Part und merkt das erst, als SINDBAD unte seinen Füßen nach Lee abtreibt. Zu spät, um sich aufzurichten; zu spät, um das Schiff mit den Zehenspitzen wieder heranzuangeln. Gustaf wird lang und länger. Den Pfahl umarmend und SINDBAD mit den Füßen abdrückend hat der Schiffer nur die Wahl, zu Bach zu gehen oder sich an den Pfahl zu klammern. Er entschließt sich für das letztere – denn wer springt schon ohne Grund ins Wasser?

Im Klettersitz hängt er nun am Pfahl. Die Leine hat er losgelassen, und die Verbindung zur SINDBAD ist unterbrochen. Das Schiff treibt außer Reichweite und dreht mit backgesetzter Fock gehorsam auf dem Teller. Julchen stößt einen spitzen Schrei aus, der Frieda wie eine Furie aus der Kajüte springen läßt.

Zwei aufgeregte Mädchen rasen an Deck umher. Gustaf brüllt vom Pfahl her alle möglichen Kommandos wie „Großschot dicht!“ und „Fock über!“, aber sie gehen im Chaos einer kopflosen Betriebsamkeit unter.

Das Großsegel faßt Wind. SINDBAD nimmt Fahrt auf und steuert genau auf die Breitseite einer großen, neuen Ketsch los. Dort wird man munter, greift nach Fendern und Bootshaken und schreit: „Abfallen!“ Gustaf tritt der Angstschweiß auf die Stirn. Er weiß, daß SINDBAD nicht abfällt und schon gar nicht, wenn Frieda am Ruder sitzt.

„Ruder hart Steuerbord“, tönt es mit einem gequälten Angstschrei vom Pfahl. Dann schließt er die Augen, um nicht mit ansehen zu müssen, wie sich SINDBADS eisenbeschlagener Steven knirschend in die Mahagonihaut des Lustkutters frißt.

Aber Frieda hat die Lage richtig erfaßt. Sie legt hart Ruder und dreht das Schiff dadurch in den Wind. Die eine Gefahr ist gebannt, aber schon droht die nächste: SINDBAD geht über Stag und beginnt auf dem anderen Bug, quer durch den Hafen auf eine dicke, weiße Motoryacht loszubrausen, deren Mannschaft sich bisher in Sicherheit glaubte und mit hämischem Gelächter Friedas „Kreuzfahrt des Grauens“ verfolgte.

Gustafs Arme werden länger und länger. Die zwangsbedingte Kletterstellung ist alles andere als bequem, und er spürt, daß seine Kräfte erlahmen.

Frieda schert in einer atemberaubenden Serpentine an Pfählen und Tonnen entlang, aber sie kann SINDBAD weder zum Stehen bringen, noch weiß sie, was sie tun muß, um irgendwo anzulegen. Auf der Motorquatze wird man sichtlich nervös.

„Plünnen weg!“ ruft Gustaf und gestikuliert wild mit einem Arm.

„Segel runter!“ ruft man jetzt auch von anderen Schiffen der amoklaufenden Frieda zu. Julchen schaltet kurz und reißt das Fall von der Klampe. Das Segel fällt in den Bach, aber es kommt wenigstens runter. Vor der Fock treibt SINDBAD zwischen die Boote und verheddert sich in deren Vorleinen. Hilfreiche Hände greifen zu und bringen Schiff und Frauen in Sicherheit.

Gustaf hat das gerade noch miterleben können. Dann verlassen ihn seine Kräfte, und er gleitet am glibberigen Pfahl abwärts und geht auf Tiefe.

Der Hafen brüllt vor Lachen. Der dicke Motorbootschipper wälzt sich – kaum der Gefahr entronnen – an Deck und hält sich seinen zuckenden Bauch. Nein, so etwas Lustiges hat man noch nie erlebt! Gustaf findet das gar nicht lustig. Er schwimmt an Land und besteigt mit finsterer Miene die SINDBAD.

„Hab ich es nicht immer gesagt“, brummt er unwirsch vor sich hin, „Frauen und Kinder gehören nicht ans Ruder.“

Happy Sailing

Wenn Gustaf im Frühsommer der heimische Regattatrubel zu sehr auf den Geist geht, macht er immer zwei Wochen Urlaub, um solcherlei Ungemach zu entfleuchen. In diesem Jahr segelt er mit Frieda via Smaalands Fahrwasser in den Öresund und besucht die Insel Ven. Danach landet er im dänischen Helsingör, wo Frieda ein paar Tage liegenbleiben möchte, um sich Schloß Kronborg mal in Ruhe anzusehen. Ihm soll's recht sein, auch wenn die 200 Liegeplätze des Nordhafens meist mehr als belegt sind.

Abends laufen sie ein; Hafenmeister Enne Ebsen winkt ab, weist sie dann aber doch in das letzte freie Loch an Steg 8 ein: Der Hafen ist voll! Denkste – am nächsten Morgen kommt ein Schiff nach dem anderen hinzu. Sie machen neben-, hinter- und übereinander fest. Gegen Mittag sind es an die 1000. Man kann trockenen Fußes quer über den Hafen gehen. Und bis zum Abend gesellen sich noch 800 weitere dazu. Das macht mit den Einheimischen rund 2000.

Gustaf hat herausbekommen, was sich dort abspielt: Helsingör ist Startplatz für die jährliche Wäscheschau „Sjaelland Rundt". 1820 Boote haben diesmal zur „größten Regatta der Welt" gemeldet.

Morgen früh geht's los, Mann in de Tünn! Doch für eine Flucht ist es zu spät – der vollgeknallte Hafen hält die SINDBAD bis zum Start fest. Die drangvolle Enge im Pariser Nobelfriedhof Père Lachaise ist nix dagegen: Der Skipper fühlt sich hier eher wie ein Salzhering im Pökelfaß.

Neben ihm quetscht eine VINDÖ 50 aus Vänersborg SINDBADS Fender breit. Der schwedische Käptn will die Regatta um Seeland mitsegeln. Warum, will Gustaf wissen; in Westschweden ist es doch viel schöner. Ach, meint der Schwede, wenn der Vänersee nicht so stinken würde! Noch ein Jahr, dann kippt er vollends um – wenn Sie wissen, was ich meine . . .! Der Gelcoat seiner Außenhaut ist schon ganz zerfressen.

Obgleich der Nachbar gut deutsch spricht, versteht Gustaf nichts. Wieso kippt der Vänern um, und weshalb kreidet die Außenhaut? Da sind doch keine Fabriken und nur wenige Ortschaften! – Nee, sagt der Schwede, das macht der „Saure Regen"; Schwefeldioxyd aus den Fabrikschornsteinen verbindet sich mit den Wolken zu Schwefelsäure. Und eben diese rieselt mit dem Südwestwind als „Saurer Regen" nieder. Aber *woher* denn?, grunzt Gustaf ungläubig. – Na, aus Deutschland natürlich; ein Gruß der Industrie an Skandinavien.

Düvel ok! Gustaf denkt noch darüber nach, da macht es „bums". Der brandneue Admiral's-Cupper, der an seinem Heck festgemacht hat, fühlt sich vom Hafenschwell veranlaßt, seinen Stevenbeschlag in SINDBADS Mors zu bohren. Gustaf eilt nach achtern. Auch das noch – ein deutsches Boot! Frisch vom Skagen-Race zurück und jetzt auf neuer Trophäenjagd. Da an Bord alles zu pennen scheint, klopft Gustaf aufs Deck und ruft nach dem Skipper. Der naht flugs, stopft einen Kissenfender in die Nahtstelle und macht Honneurs: Gestatten – Meier aus Essen, von der PÜTT IV. Und gleich danach fragt er, wo denn hier die Tö wäre. „Töh . . .?" Gustaf muß passen, nie gehört. Na, das Schiethus, drängt der Essener und tritt von einem Bein aufs andere. – Gustaf zeigt mit dem Daumen zur Südecke des Hafens, wo die Bude steht. Aber es ist unmöglich, über 100 Yachten hinweg an Land zu klettern. Außerdem stehen vor dem Klo schon 30 Mann Schlange. „Denn schiet man an Bord", rät er dem Afterlieger. Der Essener druckst herum. Geht leider nicht, sagt er, die Tö wurde aus Gewichtsgründen ausgebaut, und der Raum dient jetzt als Segelkammer. Ob er nicht mal eben bei Gustaf . . .

Dem verschlägts die Sprache, und er hustet erschrocken, als habe er soeben Udo Lindenberg im Kirchenchor entdeckt. Wenn der Rest der Cupper-Crew nun auch . . . „Nee, nee", begöscht ihn der Essener, „die pennen alle noch bis Mittag." Und er fragt, ob Gustaf mal kucken möchte? Warum nicht, meint dieser und besteigt vorsichtig die silikonvergossenen

Pseudonähte des leicht federnden Sandwichdecks, stolpert über 20 Winschen und Berge von Strippen und blickt sodann ins Innere des AC-Renners. Welch ein Anblick: 10 schnarchende Kerle hängen in 10 Leinwandröhren rechts und links an kahlen Wänden. Kein Schott, kein Tisch, keine Pantry. Etwas Ungemütlicheres sah Gustaf nie zuvor. Der Kahn wirkt weniger komfortabel als eine Ausnüchterungszelle. Und der Männermief treibt ihm fast die Tränen ins Gesicht.

Warum er das denn bloß mitmacht, fragt er den Essener. Och, sagt der, mal raus aus dem Kohlenpott und die Wäsche ordentlich lüften. Is dat nix? „Aber wieso?" will Gustaf wissen. „Wenn euer Schwefelgestank nach Schweden abwandert, dann muß die Luft am Baldeneysee doch nach Chanel Nr. 5 duften." – „Schön wär's", sagt der Essener, „unser See ist der reinste Jungbrunnen: einen Schluck trinken, und du wirst nicht alt. Und in der Villa Hügel hat die Schwefelsäure bereits den Marmor in Gips verwandelt und der Sandsteinbüste des alten Krupp die halbe Nase weggefressen." Mannomann, denkt Gustaf und versteht jetzt, daß der Essener die Kattegatluft immer noch besser findet als seinen Hausgestank.

Und er fragt ihn besorgt – mal ehrlich, Leute – ist das denn noch Häppie Sehlink? Ohne Klo und Pantry in Leinwandschläuchen um Skagen reeßen, nur um dem Schicksal von Krupps Nase zu entgehen. Um dafür dann an Schwedens Gestaden Kohlenpottluft zu inhalieren. Oder im Schwarm einiger Tausend fanatischer Yachties auf 1820 Booten in 40 Stunden Seeland zu umschiffen.

Der Essener weiß darauf keine Antwort. Deshalb fragt Gustaf, als er wieder in Kiel ist, Freund Heini. Der war gerade im Kino und weiß genau Bescheid „Häppie Sehlink?" sagt Heini. „Nee, eher ‚Apocalypse now' ". Aber *so* schlimm findet der stets zur Mäßigung (!) neigende Gustaf das nun doch nicht. Schließlich braucht man ja nicht unbedingt auf dem Baldeneysee zu segeln. Oder gar am Vänern. Es gibt ja noch die liebliche, blaue Kieler Förde. Büschen voll zwar, aber direkt vor der Haustür. Und auf der Gedenktafel vorm Klubhaus hat Krupps Nase nur ein wenig Grünspan angesetzt. Aber die ist ja auch aus echter Bronze!

Merke: Die Hölle, das sind die anderen. (J. P. Sartre)

Brief aus Elba

Portoferraio, d. 22. 7. Liebe Vati und Mutti!

Eigentlich wollte ich ja so bald nicht schreiben, denn ich war unheimlich sauer, weil Ihr mich mitten im Sommer auf einen Segellehrgang geschickt habt. Also Vati, ehrlich, das war vielleicht ein starkes Stück! Wo ich doch schon segeln kann, und dann gleich so weit weg. Aber nun bin ich hier und finde es echt gut. Deshalb schreibe ich auch jetzt schon und nicht erst nächste Woche.

Die Herfahrt zusammen mit Evi klappte prima. Mit Freundin macht so was doch viel mehr Spaß. Das erste, was ich im Bootshafen an der „Grotte del Paradiso" entdeckte, war ein Motorkahn namens GUSTAF – richtig mit „f", genau wie Du. Das ist unser Versetz- und Sicherheitsboot. Bei dem Namen mußte ich an unsere SINDBAD denken, mit der Ihr jetzt unterwegs seid. Da wäre ich am liebsten gleich wieder abgehauen. Aber Evi sagte, ich soll mich nicht so anstellen. Und dann kamen auch gleich ein paar nette Typen, die unsere Klamotten wahrschauten und uns die Schule zeigten.

Unsere Bude bewohnen Evi und ich gemeinsam mit einem duften Teeny aus Mannheim. Die quatscht genau wie Joy Fleming, da kann man sich kringeln vor Lachen. Wir lachen überhaupt sehr viel. Am meisten über die Jungs und was die alles für Quatsch im Kopf haben. Wenn Ihr versteht, was ich meine. Streiche und so.

Hier gibt es richtige Segellehrer. Die sind furchtbar schlau und ziemlich alt, so wie Vati etwa. Ich meine, so *alt* wie Vati, aber schlauer. Die haben mich gleich in die Fortgeschrittenengruppe gesteckt, als sie meinen A-Schein sahen. Und sie haben sich überhaupt nicht gewundert, weshalb ich trotz diesem Schein nach Elba gekommen bin.

Was unser Käptn ist, das ist einer von der Marine, der sagt, er kennt das Segeln auf Dickschiffen. Da lernt man nichts, höchstens Seefahrt, aber keine Feinheiten. Die lernt man besser hier auf der Jolle. Schließlich muß er das ja wissen, wo er doch bei der Marine war.

Nach dem Frühstück machen wir Theorie. Du, Vati, das klingt aber alles ganz anders, als Du es mir immer erklärst. Am Nachmittag geht dann die Sause richtig los. Da müssen die Anfänger um den Steg schippern, während wir Fortgeschrittenen um die Tonnen racen. Ehrlich – ob Ihr das nun glaubt oder nicht: So eine Regatta ist Klasse und schafft einen ganz schön. So mit Reindrängestart, sicherer Leestellung und Luvkampf an der Bahnmarke. Da merke ich echt, was ich bei Dir an Bord alles *nicht* gelernt habe. Wieso nennst Du mich nur immer eine dumme Gans? Hier bin ich nämlich *super!* Was, da staunst Du! Also bessere Dich, Vati! Nach dem Abendessen ist Freizeit. Da trinken wir mit den Jungs in der *bèttola,* wie hier die Kneipe am Hafen heißt, eine „Zündkerze". Warum die so genannt wird, weiß ich auch nicht. Sie besteht jedenfalls aus Orangeade und Rum. Aber keine Angst – *ich* trinke das ohne Rum! Darum wirkt es bei mir auch nicht richtig.

Übrigens, was die Pösels aus der Feldstraße sind (die mit der dicken Motoryacht), deren Fritz ist auch hier. Im BR-Schein-Kursus. Also der Typ macht mich ganz schön an. So mit „Wiä Kielä müssen doch zusammenhalten". Aber ich hab ihm gleich gesagt, daß ich nicht auf blond stehe, und da hat er mich *calamaio* genannt, was hier die Tintenfische sind. Sag mal, Vati, wie findest Du das? Typisch Motorboot, nicht? Aber sonst sind ganz dufte Typen dabei, und wir haben echt Spaß.

So, nun wißt Ihr, daß es mir hier gut geht. Nutzt die Zeit schön aus, um Euch von mir zu erholen. Ihr werdet staunen, was ich alles gelernt habe – ich meine seglerisch. Schade, daß unsere SINDBAD nicht auf Elba liegt. Dann würde Vati auch noch was (prf) (proff) profittieren können. Aber laß man – als Dickschiffskipper bist Du einsame Spitze, Vati. Viele Grüße an Mutti und Dich, Tschüs und *ciaou!* Euer liebes Julchen.

PS: Vati, wenn ich zurückkomme, läßt Du mich dann alle Anlegemanöver selbst fahren? Ich meine, für Dich ist das doch eine große Erleichterung. Und mach Dir nichts daraus, daß Du nur Dickschiff segeln kannst. Für die Feinheiten hast Du jetzt ja mich.

PS: Übrigens fällt mir noch was ein. Die Zündkerzen sind ziemlich teuer. Könnt Ihr mir nicht telegrafisch rasch mal 50 Mark überweisen? Klasse!

Das Leben zu viert

Die Engländer sagen: two men is a company – three men is nothing. Das findet auch Gustaf. Doch sie sind nun mal zu dritt. Leider! Es bedeutet nämlich, daß der Skipper immer von seinen beiden Frauen überstimmt wird.

Verkleinern läßt sich die Familie nicht. Aber wieviel schöner wäre es, zu viert zu sein. Da bildeten sich zwei gleichstarke Parteien, und man könnte endlich auf parlamentarischer Grundlage navigieren, ohne daß das Ergebnis einer Abstimmung immer schon im voraus festliegt.

Also wird Onkel Emil für die nächste Sommerreise angemustert. Im Vorschiff, bei Julchen, ist noch eine Koje frei. Onkel Emil ist Friedas Bruder, Junggeselle und obendrein ein vergnügtes Haus. Die Männer verstehen sich gut, und Bruder und Schwester sind sowieso ein Herz und eine Seele. Julchen quarrt ein wenig, daß sie ihre Kemenate mit einem fremden Mann teilen soll, doch sie muß sich angesichts der vielen Vorteile, die diese Regelung mit sich bringt, bescheiden.

Anfangs geht das Leben zu viert auch ganz gut. Onkel Emil hilft Frieda beim Kartoffelschälen und Julchen beim Angeln. Er gibt sich beim Segelsetzen Mühe und löst – wenn auch ohne Passion – Gustaf an der Pinne ab. Alles wäre gut – wenn nicht . . .

Onkel Emil hat nämlich zwei linke Hände. All sein guter Wille, seine herzerfrischende Frohnatur und seine immerwährende Bereitschaft zu munteren Späßen ändern nichts an dieser betrüblichen Tatsache. Anfangs hat Gustaf geglaubt, so dämlich könne ein erwachsener Quiddje gar nicht sein. Was Frieda und Julchen kapiert haben, muß ein Mann doch erst recht begreifen. Doch dem ist leider nicht so. Onkel Emil versäuft beim Versuch, die Kartoffeln während der Fahrt zu spülen, die Pütz nebst Inhalt. Er bleibt mit dem Bootshaken an der Spundwand hängen und zerbricht den Stiel in zwei ungleiche Hälften. Es ist eine glatte Fraktur, die nicht einmal Gustafs geschickte Finger laschen können.

Vor Mommark rauscht ihm das Fockfall aus; in Aarösund bricht er den Schwengel des Pumpschlürfklosetts ab; vor Tunö wirft er bei einer Patenthalse das falsche Backstag los, wobei nur durch Gustafs Geistesgegenwärtigkeit ein Bruch des Großbaums verhindert wird. – Gustaf wird von Tag zu Tag gereizter, aber er sagt nichts, höchstens mal „Morskopp" oder „oller Plaatsch", und das ist so gut wie nichts. Aber als Onkel Emil in Grenaa nicht mal imstande ist, die SINDBAD an der Pfahlreihe voraus zu verholen, sondern den Bug querab setzt, bis das Schiff quer über das Hafenbecken auf Leegerwall treibt, platzt ihm der Kragen. Erfolg: Onkel Emil ist stocksauer, und die Stimmung ist futsch.

„Nee", sagt Gustaf, „dann doch lieber allein mit den Frauen!" So schlecht, wie er immer dachte, sind die eigentlich gar nicht. Onkel Emil kommt jedenfalls nicht wieder mit. Der bricht sich sonst den Finger womöglich noch in der Nase ab.

Im nächsten Sommer will er es aber noch einmal versuchen. Julchen jammert ihm was vor: wenn schon jemand mit ihr im Vorschiff hausen soll, dann doch lieber ihre Freundin Susi als irgend so'n oller Onkel. Also wird diesmal Susi angeheuert – eine rundliche, blonde Deern in Julchens Alter.

Die Sache läßt sich zunächst auch ganz gut an. Als aber hinter der Kongebro der Nordost die SINDBAD aufs Ohr legt, fängt Susi an zu kotzen, daß es einen Hund jammern könnte. Frieda und Julchen werden natürlich davon angesteckt – nun reihern die drei Weibsen um die Wette, was der Überfahrt nach Juelsminde einen ganz besonders pikanten Reiz verleiht. Das alles wäre an sich noch gar nicht so schlimm, denn Spucken gehört nun mal zum Segeln. Aber Susi kriegt – kaum daß sie ihren Fuß wieder auf festes Land gesetzt hat – die „fliegende Fresserei". Offenbar um die vergeudeten Kalorien rasch wieder aufzuspeichern, stopft sie jetzt in sich hinein, was normalerweise für die ganze Crew gelangt hätte. Gustaf sagt tolerant: „Laß ihr doch!" Doch Frieda bringt Susis Freßsucht mächtig in Harnisch, denn sie muß es ja bezahlen. „Kind", sagt sie zu Susi, nachdem sie ihr die achte Stulle geschmiert hat, „nun müßtest du aber eigentlich satt sein!" – „Nö", sagt Susi keß, „aber wenn ich nix mehr kriege, muß es auch so gehen." – Nein – es geht nicht. Und „so" schon gar nicht. Frieda macht Susi klar, daß ihr Appetit krankhaft sein müsse und setzt sie auf halbe Rationen. Darauf tritt Susi in Proteststreik – sie wäscht sich nicht mehr, hilft nicht mehr beim Abbacken und ist patzig zu Julchen.

Als Julchen mit dem Vater mal allein ist, sagt sie: „Vati – die blöde Kuh kommt doch nicht wieder mit – nöch?" – „Nee", sagt Gustaf, „de Fretsack schall blots oppassen, dat ick ehr nich mit eins versupen do!" – Um es kurz zu machen – es war wieder nichts mit dem vierten Mann. In diesem Punkt sind sich Gustaf, Frieda und Julchen einig wie sonst nie.

Aber Frieda gibt so rasch nicht klein bei: Männer und Kinder als Gäste an Bord – das kann ja auch nichts sein. Ganz anders eine Frauensperson. Die könnte ihr bei der Bordarbeit helfen, und man hätte auch mal was zum Klöhnen. Vielleicht springt sogar ein kleiner Zuschuß zur Proviantkasse dabei raus. Aber wer?

„Edeltraut", sagt Gustaf und meint Friedas Nichte. – „O Gott, *diiie?*" sagt Frieda, „die ist doch so zipp." – Was heißt „zipp", sagt Gustaf, „dat geweuhn ick ehr fix aff."

Edeltraut ist natürlich hell begeistert: – Ach . . . Segeln . . . himmlisch! Find ich richtig schick. – Gustaf zeigt ihr, wo sie ihre Klamotten hintun soll und erklärt ihr, was ein Backstag ist. Edeltraut begreift alles ziemlich schnell. Zu schnell, meint Gustaf. Am Abend vor der Abreise sagt sie (und sie glaubt das auch): „Ich find Segeln furchtbar einfach. Was die Leute bloß für'n Theater davon machen!"

– Und das verdrießt Gustaf sehr.

Am nächsten Morgen früh um vier läuft die SINDBAD aus. Weil Nordwest weht, setzt Gustaf den Kurs auf Bagenkop ab. Sonderburg liegt diesmal nicht drin. Dafür 35 Meilen offene See mit Wind meist vorlicher als dwars. – Und siehe da – Edeltraut erweist sich als seefest; sie benimmt sich am Ruder nicht ungeschickt; sie wirft die Backstagen im richtigen Augenblick los und streckt die Fockschot über das Spill wie ein alter Matrose. Aber einen großen Fehler hat sie – sie quasselt. Herrgott, was quasselt das Weib!

Gustaf, sieh mal, mach ich das nicht gut, Gustaf, warum ist Luv eigentlich mal links und mal rechts, blöd, diese Segelausdrücke, läßt sich die Kompaßnadel nicht mal einen Augenblick feststellen, dann kann man doch viel besser steuern, Gustaf, sieh mal, da schwimmt eine Flaschenpost, ach – und da, der süße Vogel, – nein, wie ist das Segeln herrlich, und gar nicht so schwierig, wie die Leute immer sagen.

Und dann hat sie noch eine Eigenschaft, die Gustaf fast noch mehr irritiert als die Quasselei – sie hält sich für sexy. Und sie meint, alle anderen müßten sie auch für sexy halten. Gustaf natürlich nicht – der ist als Käptn jenseits von Gut und Böse, – aber die Fischerjungs in Bagenkop zum Beispiel. Deshalb turnt sie auf der Kutterpier in chromgelben Minishorts herum und trägt im Haar eine grüne Babydoll-Schleife. – Julchen kriegt Plüschaugen, als sie das sieht, und sie will auch eine Schleife ins Haar. Die Fischerjungs grienen breit, einer pfeift sogar anerkennend. Das ist zuviel für Gustaf. Diese mannstolle Quasselstrippe hat ihm gerade noch gefehlt! Nun hat er endgültig genug von Passagieren dieser Art. Und auch Frieda ist seiner Meinung, da der Küchenkram *doch* an ihr hängen bleibt, denn Edeltraut denkt nicht daran, ihr in der Kombüse zu helfen. Sie sind alle drei froh, als die Dame in Aarhus abmustert, weil ihr Urlaub zu Ende ist.

Sie bringen sie zu dritt zum Zug und bleiben auf dem Bahnsteig stehen, bis der Zug abgefahren ist. Sie wollen sichergehen, daß Edeltraut auch wirklich weg ist. Auf dem Rückweg spendiert Gustaf Eis für die Familie. Sie reden nicht miteinander – schweigsam löffeln sie ihre Portion. Edeltrauts Geist schwebt noch unsichtbar über ihnen. Sie müssen sich erst von diesem Alpdruck erholen.

Abends, als Frieda dem Skipper seinen Schlummergrog ins Cockpit stellt, spricht Gustaf das erste Wort. Es klingt wie ein Stoßseufzer: „Pfhh – das war hart!" sagt er. Und er lächelt Frieda freundlich zu, was sie von dem ollen Brummbär gar nicht mehr gewöhnt ist. Was mag er bloß haben? Er ist mit einmal richtig nett. Über die Mitnahme von Gästen wird auf der SINDBAD seitdem nicht wieder gesprochen. Wozu auch? Sind sie nicht eigentlich zu dritt auch ganz glücklich?

Führerscheine

Gustaf hat seinen B-Schein vor rund zwanzig Jahren gemacht. Nicht etwa, daß es damals nicht mit rechten Dingen zugegangen ist, nein – aber zwanzig Jahre sind eine lange Zeit. Da kann man schon eine ganze Menge vergessen – vorausgesetzt, man hat es jemals gewußt, aber das wollen wir Gustaf ruhig unterstellen. Und er ist ja auch immer ganz gut ausgekommen mit seinem Wissen. Er hat Anholt im Nebel gefunden; er hat zahlreiche Strandungen (besonders häufig vor Marstal und Orth a/F) überstanden; er hat in der Gewitterbö vor Stein seinen Mast verloren und die Trümmer heil nach Hause gebracht. Er kann mit Seekarte, Peilscheibe, Lot und Kompaß umgehen und versteht es meisterhaft, der staunenden Mitwelt Anlegemanöver auf engstem Raum vorzuführen.

Auch mit dem Wetter kommt er ganz leidlich zurecht, obgleich ihn die Diskrepanz zwischen eigener Beobachtung und offizieller Vorhersage oft nervös macht. Nur nachts – also das muß einmal offen ausgesprochen werden – nachts, da schippert Gustaf nicht gern. Frieda auch nicht, von Julchen ganz zu schweigen, doch das hat andere Gründe: die Frauen graulen sich nämlich nachts auf See. Nun, bei Gustaf kann von Angst natürlich keine Rede sein, aber er hat, ehrlich gesagt, einige Schwierigkeiten mit der nächtlichen Navigation. Die vielen Leuchtfeuer verwirren ihn. Es geht ihm mit den Leuchtfeuern so ähnlich wie mit den Sternen: Manche erkennt man auf Anhieb. Aber die meisten nicht. Und eben diese sind es, die Gustaf die nächtliche Segelei vermiesen. Früher ist er einfach drauflos geschippert – Schoten dicht, immer an der Wand entlang und hübsch ein Feuerchen nach dem anderen: Bülk, Schleimünder Hafen, Falshöft, Pöls Huk usw.

Doch seitdem er vor zwei Jahren Gammel Pöl mit Skjoldnäs verwechselte und dadurch, statt in Mommark anzubinden, auf den Klamotten vor Ärö landete, hat er das Vertrauen zu dieser ebenso simplen wie bewährten Methode verloren. Er versuchte es dann noch ein-, zweimal mit einem Leuchtfeuerverzeichnis, welches er den ausgemusterten Übungsbeständen der Jugendgruppe entnahm. Aber es wollte und wollte nicht klappen. Entweder war das Verzeichnis zu alt, oder Gustaf zählte die Kennungen falsch aus. – Für eine nächtliche Schipperei auf der Westlichen Ostsee war das jedenfalls nichts. Gustaf hätte dafür fünf Hände, eine Stoppuhr, eine schärfere Brille sowie ein neueres Verzeichnis gebraucht. Und viel, viel Geduld. Doch das war ihm zuviel Aufwand. Es war einfacher, nachts nicht mehr zu segeln. Womit er gleichzeitig dem Bedürfnis seiner Mädchen nach ungestörten Bauernnächten weitgehend entsprach.

Die Lage änderte sich schlagartig, als Julchen 14 Jahre alt, Mitglied der Jugendabteilung und Aspirantin für den Jollenführerschein geworden war. Da quälte sie den Vater dauernd mit nautischen Problemen und wollte wissen, welche Lichter ein Flugzeugträger vor Anker führt, woran man ein Nebenfahrwasser erkennt und wie eine Hosenboje funktioniert.

Gustaf sagte „Quatsch", doch Julchen ließ nicht locker. Also dachte Gustaf nach. Verflixt – er konnte sein Gehirn nach außen stülpen – aber er kam nicht drauf. Es lag ihm auf der Zunge, gestern hätte er es noch gewußt, nur heute war es eben nichts damit. Mach scha auch nix – kann dscha jeden ma passiern!

Julchen, die bis dato ihren Skipper als Ausbund maritimer Gelehrsamkeit bewundert hatte, begann an ihrem Idol zu zweifeln. „Mönsch, Vati", sagte sie, „ich glaub fast, du weißt das gar nicht.“ – Gustaf protestierte beleidigt unter Hinweis auf seinen B-Schein. – „Na, wer weiß, wie du an den rangekommen bist“, bohrte Julchen mit infantiler Grausamkeit in des Skippers offener Wunde.

Nein, so ging es nicht weiter. Das Mädchen wuchs ihm allmählich über den Kopf. Ob man das verklemmte Erinnerungsventil mal mit etwas Selbststudium ölte?

Gustaf langte sich die SEEMANNSCHAFT aus dem Bücherschrank und steckte sie heimlich zu den Butterbroten in die Aktentasche. Vielleicht konnte man im Büro ja mal. Zu Hause war es zu auffällig. – Aber das Büro war ein schlechtes Studierzimmer, und Gustaf gab es bald auf. War ja auch Quatsch, sich bloß wegen dem Gör solche Umstände zu machen.

Da zeigte Heini ihm eines Tages die Verordnung über den Erwerb des amtlichen Motorbootführerscheins mit 327 kleingedruckten Prüfungsfragen. „Lies ma“, sagte er, „ganz intessant, wat die Quiddjes nich allens wissen müssen.“

„Och“ meinte Gustaf, der Motorbootmenschen von Grund auf verachtete, „wozu denn. Den ihren Blödsinn kenn ich all auswendig.“ Doch um Heini eine Freude zu machen, steckte er den Fragebogen ein. Er tat dies mit der festen Absicht, ihn ganz bestimmt nicht zu lesen. Und er nahm ihn sich auch abends nur vor, weil er partout nichts Besseres vorhatte.

Nach flüchtiger Durchsicht bestärkten die meisten Fragen ihn in seiner Meinung, daß das, was man von den Benzinkutschern verlangte, für einen Oldtimer wie ihn ‚Kleine Fische‘ waren. Doch je eingehender er das Papier studierte, desto häufiger stutzte er. Die waren wohl größenwahnsinnig! Was gingen diese Leute denn Kreuzpeilungen, Kartennull, Isobaren und die Behandlung von Knochenbrüchen an? Die brauchten doch nichts weiter, als zu wissen, wo die Hupe und der Rückwärtsgang waren. Alles andere war doch eine Angelegenheit für seebefahrene Salzbuckel seines Schlages.

Je weiter Gustaf sich in den Fragebogen vertiefte, desto roter wurden seine Ohren. Als Frieda ihn fragte, was er da lese, zuckte er zusammen und sagte: „Och, nur was Gedrucktes.“ – „Ach so, was Gedrucktes“, sagte Frieda und stickte weiter an ihrem Kissenbezug.

Da es Gustaf zuviel Arbeit machte, die richtigen Antworten hinter die Fragen zu schreiben, machte er überall dort einen Haken, wo er meinte, die Antwort zu wissen. Und ein Kreuz, wo ihm die passende Antwort gerade nicht einfallen wollte. Auf eine Frage gar keine Antwort zu wissen, schien ihm unter seiner Würde.

Besonders lange brütete er über dem nautischen Teil. Damit hatte es bei ihm schon immer gehapert. Verdammt noch mal, also was diese Motorschlosser sich da ausgedacht hatten, das war wirklich . . . (wie sagte Julchen immer?) . . . „der letzte Heuler". Wer weiß schon, was Baljen und Legden waren und aus welchen Werten sich eine Fehlweisung zusammensetzte. Die Hauptsache war doch schließlich, daß man dort ankam, wo man hinwollte. Alles andere war Quatsch.

Die Frauen lagen längst im Bett, da grübelte Gustaf, inzwischen reichlich nervös geworden, immer noch über den Prüfungsfragen. Erst gegen Mitternacht war er mit der Lektüre (und auch sonst) fertig. Er zählte die Haken zusammen. Es waren 7. Das war nicht eben viel. Und nun die Kreuze. Er mußte lange zählen. Seine Ohren liefen dabei violett an, und er war froh, allein im Zimmer zu sein. Es konnte fast nicht stimmen: 320 Kreuze.

Da standen sie schwarz auf weiß. Natürlich hieß das nicht, daß Gustaf auf 320 Fragen keine Antwort gewußt hätte. Oh nein – er hätte bei längerem Nachdenken schon die richtige Antwort gefunden. Nur war es dafür schon etwas spät geworden. Morgen oder Übermorgen würde er die richtigen Antworten einsetzen. Vielleicht auch etwas später – mein Gott, es war ja schließlich nur Spielerei. So eine Art Kwitz. Und was gingen ihn überhaupt die Motorfritzen an – er hatte ja seinen B-Schein.

Als er Heini am Wochenende den Fragebogen zurück gab, waren die Kreuze und Häkchen fein säuberlich ausradiert.

„Na", fragte Heini, „was sachste nu? Allerhand, was?"

„Och", sagte Gustaf und spuckte verlegen ins Wasser, „lot se doch dat Vergneugen!" Doch dann ging ein Leuchten über sein Gesicht, und er fügte hinzu: „Is doch scheun! Mit so een Fragebogen jogn se wenigstens de letzte Knatterglitsch vun de Förde. – Un denn sünn wi Segler wedder alleen up See. – Vun mi ut . . ."

Crash-Test

Kennen Sie die Rhododendren von Neatishead? Nee? Dann haben Sie was versäumt. In dem kleinen Nest am Barton Broad, inmitten der lieblichen Seenplatte Norfolks, wachsen die Büsche bis dicht ans Wasser. Hoch wie ein niederfränkischer Misthaufen und pedantisch gestutzt wie die Buchsbaumhecken von Ludwig XIV. Frieda liebt diese Blütenpracht über alles und wetteifert darin mit halb Großbritannien. Kein Wunder, daß die Anlegebrücken in den Stichkanälen gegen Abend mit Charterbooten vollgestopft sind.

Gustaf hat unterwegs getrödelt. Als er ankommt, ist alles besetzt. Nur gegenüber, die Spundwand vor den Rhododendronbüschen, die ist frei. Wenn bloß die dummen Schilder nicht wären: *Private! No mooring!* Wat 'n Quatsch! Und alles op inglisch! Doch Gustaf weiß, wie man sich hilft: mit dem Kieler Garagentor-Trick. Da stellt man sein Auto genau in die Mitte vor zwei Garagentore und läßt jedem Garagenbesitzer die (zumindest theoretische) Chance, sich vor- oder achterwärts vorbeizumogeln. Warum soll das nicht auch hier funktionieren? Zudem sind die Schilder von den Büschen fast zugedeckt. Und was heißt schon *private!* Gustaf ist auch privat da. Oder etwa dienstlich? Na, also!

Er bringt die Leinen aus, hängt die Fender außenbords und dreht den Benzinhahn zu. Doch kaum hat er seinen Kahn auf der Nahtstelle zwischen beiden Schildern angebunden, rascheln die Büsche, und links steckt Mr. Private seinen zornroten Döz durch das Geranke, und rechts bricht Mrs. Nomooring durchs Unterholz ihres Gartens. Beide sind sich einig: Abhauen, aber sofort! Julchen kuckt ängstlich aus der Wäsche; Frieda runzelt besorgt die Stirn. Nur der Skipper steht aufrecht an Deck und blickt gleichmütig dem Angriff entgegen. An einem Holsteiner Maaten läuft so was runter wie Wasser an einer Ente.

Doch er hat nicht mit der Urgewalt des kgl. britischen Zorns gerechnet. Wie afrikanische Mörderbienen gehen die Buschmenschen auf ihn los, immer wieder, und sie verlieren dabei nicht mal ihren Stachel. Da schreit Julchen plötzlich: „Drüben wird ein Platz frei!" Gustaf schmeißt die Leinen los, startet den Jockel und legt ab, um jenseits im Bootshafen festzumachen. Vielleicht macht er das etwas zu hektisch. Aber das Geschrei der Blumenfreunde hat ihn doch leicht nervös gemacht. Er läßt seinen Overdrive aufheulen und überquert den schmalen Flußlauf mit Braßfahrt.

Drüben im Hafen will er das Boot mit dem Rückwärtsgang stoppen. Er nimmt das Gas weg, schiebt den Hebel zurück – da bleibt der Motor stehen. Kein Stoppen, kaum Ruderwirkung, kein Ausweichen möglich. Gustaf erkennt sekundenschnell, daß die Katastrophe unvermeidbar ist. Julchen steht mit dem Pekhaken auf dem Vorschiff, Frieda mit 'nem Fender auf dem Laufdeck. „Hinlegen!" brüllt Gustaf, doch da ist es schon passiert: Der Kahn schießt auf die Spundwand zu, rechts und links flankiert von Abendbrot mampfenden Feierabendbriten. Rrumms!!

Dem rechten Skipper fällt der Schinken vom Brot; den linken trifft Gustafs Rammstoß so heftig, daß der Tisch im Cockpit umfällt und der heiße Tee seiner Olsch die Füße verbrüht. Gustafs Kahn donnert vierkant gegen das Bollwerk, daß die Späne fliegen und Julchen mit einem Satz an Land katapultiert wird, während Frieda ärschlings auf dem Nachbarschiff landet.

Wahrlich eine Meisterleistung. Aber wie konnte das nur angehn? So ein Scheißmotor, einfach stehenzubleiben, ohne Grund und mitten im Anlegemanöver! – Ohne Grund? Gustaf erkennt ihn rasch, als er den Jockel neu starten will und nichts passiert: er bleibt stumm. Da fällt dem Skipper der Benzinhahn ein. Er hat ihn beim Anlegen unter den Büschen zugedreht, akkurat wie das Bordbuch es vorschreibt. Aber er hat ihn nicht wieder aufgedreht, als er ablegte. Und so reichte der Treibstoff im Vergaser nur für die 100 Meter bis zur Hafeneinfahrt. Logisch, nöch?

Gustaf sagt seinen Mädchen nicht, woran es gelegen hat. Wahrscheinlich ein Fall von höherer Gewalt. Er kühlt die Blessuren seiner Crew, beschwichtigt die aufgebrachten Nachbarsleute, besichtigt die Beule am Steven und die Kerbe in der Pier: Das Boot hat den Crash-Test überstanden! Nach dem Zustand des Skippers fragen wir lieber nicht.

Dem fällt plötzlich etwas ein: Sein erstes Auto, ein uralter DKW, hatte auch so einen Benzinhahn. Vom Fahrersitz aus mit dem Fuß zu erreichen – senkrecht *auf*, nach links *Reserve*, rechts *aus*. Damit hat er manchmal seine Bräute ausgetrickst. Meist mitten im Wald, wo es schön duster war. Ein zarter Tritt, und nach 100 Metern blieb die Karre wie durch Zauberhand stehen. Na so was! Und ganz zufällig. – Gustaf kriegt plötzlich knallrote Ohren. Tjä – wie das Leben so spielt.

Merke: Der beste Motor tut es nicht, drehst du den Benzinhahn dicht. (Altgriech. Spruch)

Irische Navigation

„Is wie inne Schweiz, mit Bergen, Wiesen, Kühen und Seen", hatte Otje gesagt, als er Gustaf sein Charterboot in Irland zum halben Preis anbot. Otje hatte es nämlich plötzlich an der Galle bekommen. Frieda war entsetzt: „Bist du mall? Zu den Bombenlegern? Niiie!"

Um es kurz zu machen: Sie fuhren doch zum Lough Erne, denn Otjes Angebot war zu und zu günstig. Der Erne ist ein ausgedehntes, einsames Naturreservat zwischen Nord- und Südirland. Es besteht aus schmalen Flußläufen, unzähligen Inseln und einem großen, blauen See. Sie sahen keine Grenzpolizei und keine Bombenleger, und es war wirklich fast wie in der Schweiz. Nur billiger. Und nicht so viele Deutsche.

In Belturbet fand die Übernahme des Bootes sowie eine gründliche Einweisung statt. Frieda lobte die perfekte Kombüse; Julchen strahlte, weil sie eine eigene Kabine hatte; Gustaf fand an der Technik nichts auszusetzen. Also dampften sie nach einer kurzen Proberunde los. Es war später Nachmittag geworden.

Der Vermieter hatte auf der Karte angekreuzt, wo sie zur Nacht festmachen könnten. Das Flüßchen schlängelte sich sanft durch satte Auen. Frieda kochte Kaffee. Julchen knipste Kormorane und Graugänse. Gustaf steuerte verträumt den dicken Kahn zwischen Seerosen und skurrilen Weiden hindurch. Irland war direkt Klasse!

Leider setzte nach einer Stunde Nieselregen ein; die Sonne verschwand, und die Sicht wurde häsig. Gustaf schaltete die Scheibenwischer ein. Der Fluß mündete in ein größeres Gewässer mit vielen Inseln, die alle gleich aussahen. „Kennst du dich denn da aus?" fragte Frieda argwöhnisch. „Vati kann alles, der ist ein Super-Seemann", sagte Julchen. Gustaf blickte auf den Kompaß: Man mußte das machen wie in den Schären – nach Kompaßkurs von Insel zu Insel und jede auf der Karte abhaken.

Gustaf steuerte Nordwest. Jetzt mußten an Steuerbord drei Inseln hintereinander folgen. Nummer 1 kam programmgemäß. Aber wo blieb Nummer 2? Gustaf zog einen Strich auf der Karte: Wenn er stur NW steuerte, traf er die gesuchte Anlegebrücke von Geaglum genau auf den Kopf. Aber ohne die Inseln Nr. 2 und 3 ging es nicht. Die *mußten* an Steuerbord in Sichtweite passiert werden. Er fuhr 10 Minuten – Insel Nr. 1 war kaum noch zu sehen. Keine Tonne, keine Landmarke, keine Insel 2 und 3 in Sicht. Nur ein grünblauer, einsamer Fjord mit grauverhangenen Bergzügen zu beiden Seiten. Nach 20 Minuten war es nicht anders. Waren die Inseln untergegangen wie einst Atlantis? Der Skipper wurde nervös. Frieda war sein hastiges Manipulieren mit der Karte und sein angestrengtes Starren durch die Windschutzscheibe längst aufgefallen. „Is was?" fragte sie. „Nö", sagte Gustaf, „allens klor". Sssst, ssst, machten die Scheibenwischer. Es war das einzig wahrnehmbare Geräusch außer dem Summen des Diesels irgendwo im Schiffsbauch.

Nach einer halben Stunde schien der Fjord sich zu verengen, so als ob er dort zu Ende wäre. Dabei hätte er noch 50 Meilen lang sein müssen. Da rief Julchen: „Sieh mal, Vati – ein Angelboot!" Und Frieda knurrte gereizt: „Frag da doch mal, ob wir hier richtig sind." – „Quatsch", sagte Gustaf unwirsch. Aber da der Fjord da vorn wirklich zu Ende zu sein schien, schor er bei dem Angler längsseit und fragte, ob sie hier richtig wären. Der Mann fragte zurück, wo sie denn hinwollten. „Den Erne abwärts", sagte Gustaf. Darauf zeigte der Angler dorthin, wo sie gerade herkamen und sagte: „Zurück bis zur Ecke und dann links. Und dann immer geradeaus." – „Siehste!" sagte Frieda ätzend, und es klang, als ob sie mit Kaustiksoda gegurgelt hätte.

Gustaf fuhr bis zum Eingang des Fjords zurück und bog links ab. War zwar Quatsch, denn der Kompaß zeigte jetzt Nord*ost*, und das war entschieden 90 Grad aus der Richtung. Wäre er bloß nicht nach Irland gefahren! Und dunkel wurde es auch.

Doch da hörte der Regen auf, und Gustaf stellte die Scheibenwischer ab. Als er wieder mal auf den Kompaß blickte, zeigte dieser Nord*west*. Gustaf dachte, ihn narrte Draculas Geist. Oder waren gar parakinetische Kräfte am Werk?

„Schalt' doch mal die Wischer ein", sagte Julchen. Wozu das, dachte Gustaf, aber er tat es: Der Kompaß sprang spontan auf Nord*ost*. Julchen grinste hämisch. Aha, also das war des Pudels Kern: 90 Grad Elektro-Deviation!

Als sie nach einer Woche zur Werft zurückkehrten, wollte Gustaf dort ordentlich auf den Putz hauen. So was mußte einem Schipper doch gesagt werden! „Och", meinte der Vermieter abwiegelnd, „daran stoßen sich höchstens mal die Deutschen. Die wollen's immer ganz ganau haben." – „Mönsch", sagte Gustaf grob. *„acht* Strich Deviation! Ist das etwa nichts?" – „Mein Guter", antwortete der Ire treuherzig, „welcher Charterkunde versteht denn schon was von Deviation? Die meisten wissen ja nicht mal, was ein Kompaß ist." Und er reckte seinen Daumen in die Höhe und fügte hinzu: „Hier, *das* ist der beste Kompaß in Irland!" Merke: *He thinks too much, such men are dangerous.* (Er – Gustaf – denkt zuviel; solche Leute sind gefährlich. – Shakespeare, Caesar)

Farbenlehre

„Sie sind grü-hüün . . .“, tönt es aus dem Radio. Gemeint sind die Marsmännchen, die man ob ihrer grünen Farbe nicht verachten soll. Alles Quatsch, meint Gustaf. Die Marssonden der Amis haben gezeigt, daß es keine Marsmenschen gibt. Weder grüne noch überhaupt. Und gegen grüne Farbe hat sowieso niemand etwas. Höchstens Frieda, aber nur, weil Gustaf die vom Streichen der Blumenkästen übriggebliebene grüne Soße auf sein Deck und Kajütdach geschmiert hat, wodurch die SINDBAD das Aussehen eines Salatbeetes erhielt.

„Grün beruhigt“, sagt Gustaf. „Krupps GERMANIA war schon vor 25 Jahren grün“. Doch Frieda ist so leicht nicht auszutricksen. „Hör auf mit Krupp“, sagt sie, „bei dir ist das reiner Geiz – bloß keine Farbreste wegwerfen!“ Außerdem ist Gustafs Grün Spinatgrün, und Krupps Grün war Lindgrün oder Seegrün, also was viel Besseres. Die SINDBAD ist ein Papagei geworden. Und Gustaf ein Papagallo. Hugh! – Ja, so ist die Frieda: zärtlich wie ein eingefrorener Hydrant.

Verdammtes Weibervolk, denkt Gustaf. Seit ihrer Hochzeit hat er Friedas wegen die Flanken seiner SINDBAD schneeweiß pönen müssen, jawoll – kalkig wie dat Antlitz einer Jungfrau, die merkt, dat sie keine mehr ist. Mann, was hat er sich über den Masut-Dreck des Kieler Hafens geärgert, den er jeden Sonntag von SINDBADS Alabasterleib abschrubben mußte. Wütend beschließt er: jetzt wird der ganze Kahn *grün* gestrichen. Von ihm aus in Seegrün – Friedas Hoffnungsfarbe. Oder in Blau – damit se wat zum Glauben hat. Aber mit Weiß ist jetzt Schluß! Er wird ihr's zeigen, jawoll!

Am nächsten Tag trifft er auf dem Steg einen von der Uni, der studiert auf Architektur. Nee, meint der, Grün paßt nur für Förster – auf dem Was-

ser ist es gemeingefährlich, da hier die Intensität der Irradation durch den Feldüberstrahlungseffekt . . . „Is gut", unterbricht Gustaf ihn, „und wat is mit Blau?" Der Farbenmensch zuckt zusammen. –

Blau auf dem Wasser? Ob Gustaf ganz klar im Kopf ist? Dann kann er seinen Dampfer gleich schwarz anmalen und nachts als Blockadebrecher Schnaps nach Ärö fahren. Was hat der Leiter des Farbpsychologischen Instituts ihnen beigebracht? Schwarz und Blau sind Zeichen des Protestes gegen soziologische und politische Traditionen.

Quatsch, denkt Gustaf, protestieren will er nicht und blockadebrechen auch nicht. Und im Wald segeln erst recht nicht, höchstens mal 'nen Jägermeister vernaschen. Aber wie wär's denn mit Rot? Das ist doch die Farbe der Liebe, nöch?

Nein, meint der Farbmixer, Rot macht aggressiv, fördert die Adrenalinausschüttung und eskaliert den Blutdruck. Rot müßte als Farbe ganz verboten werden. Überall – auch für Autos.

Also nix mit Liebe, resigniert Gustaf. Aber was dann? Grau? Lila? Gestreift? Das ist doch modern.

Nein, sagt der Archi: *Weiß!* Classicweiß hat den höchsten Auffälligkeitsindex bei Tag und bei Nacht. Allenfalls noch Zapfengelb oder Stratosilber. Aber besser ist Classicweiß.

„Ach, mein Guter", sagt Frieda, als Gustaf im Herbst fünf Kilo Gletscherweiß kauft (Classicweiß und Zapfengelb führt sein Drogist nicht), „*Weiß* – meine Lieblingsfarbe – die Farbe der Unschuld!"

Es ist nicht ganz deutlich zu verstehen, was Gustaf hierauf antwortet. Es ist was mit Bleudsinn, Masut und gewesenen Jungfrauen. Und der Schluß klingt verdammt wie „Klei mi an'n Mors!" Aber das würde Gustaf nie sagen. Auch nicht zu Frieda.

New Generation

Ob Gustaf es wahrhaben wollte oder nicht – Julchen war über Nacht zu einer lieblichen Jungfrau erblüht. Gustaf sagte zwar immer noch ‚dat Blag' oder ‚de Göre', wenn er von ihr sprach, doch die Veränderungen ihres Plankenstraks waren nicht zu übersehen.

Auch der Jollenführerschein und die harte männliche Erziehung auf dem Vorschiff der SINDBAD hatten nichts daran ändern können, daß Julchen nun mal kein Knabe geworden war, sondern eine rundherum gutproportionierte Deern mit blondem Wuschelkopf und blanken, blauen, kritisch blickenden Augen.

Gustafs Planung hatte offensichtlich versagt. Wenn er auch bis zuletzt noch an irgendeine Art wunderbarer Metamorphose geglaubt hatte, nun mußte es selbst ein Blinder mit dem Krückstock fühlen: Julchen war wirklich und wahrhaftig weiblichen Geschlechts. Und richtig nüdelich dazu.

Die Jungs am Hafen hatten das schon lange herausgefunden. Aber Gustaf – ahnungslos wie Väter eben sind, wenn es um ihre Brut geht – schloß messerscharf (weil nicht sein k a n n, was nicht sein d a r f) auf Kinderspielkram oder so was Harmloses. Doch da hatte Julchen längst ihre Puppen gegen Pickenbacks Willi von der THALATTA eingetauscht. Gustafs Aktionen kamen zu spät: Er hatte Julchen beim Knutschen mit Willi erwischt. Ausgerechnet der Strolch von der THALATTA! Wenn es wenigstens der Bengel einer seiner Freunde gewesen wäre. Zu dumm! Aber nun war es passiert.

Frieda wußte natürlich von nichts. Typisch. Immer blieb alles an ihm hängen. „Na, laß sie doch", sagte Frieda, als er ihr vorwarf, sie habe als Mutter kläglich versagt, weil sie zu wenig aufgepaßt hätte. Weiter sagte Frieda nichts. Sie dachte wohl an die Zeit, als sie Gustaf kennengelernt hatte. Nur hieß das Boot damals nicht THALATTA.

Julchen maulte: „Ich will auf der THALATTA segeln. Die Eltern von Willi sind viel netter als ihr!" So etwas schmerzte natürlich. Wo blieb denn da die Dankbarkeit! Hatte man doch für die einzige Tochter . . . Aber Julchen maulte weiter. „Denn segelt Willi eben bei u n s mit", sagte sie bockig.

„Ick dreih den Kierl dat Genick um", sagte Gustaf und ging ein paarmal unauffällig an der THALATTA vorüber, um Willi zu besichtigen. Kräftig sah er ja aus, der Willi. Für Ankermanöver und beim Reffen gut zu gebrauchen. Aber sonst ein ziemlicher Schlaaks. Und viel zu lange Haare.

„Dat's keen Minsch, dat's 'n Krümelmonster. De hett'n Kopp as'n Dweil", sagte er nur. – „Och, ich find ihn Klasse", sagte Julchen, „Willi ist okeeh!" Und am Wochenende segelte der dweilköpfige Willi auf der SINDBAD mit nach Schleimünde. Nur zur Probe natürlich und sicher das erste und letzte Mal, denn so brutal wie der Kerl sich an das arme Julchen herangemacht hat, so ruppig ging er sicher auch mit der SINDBAD um.

Nur ungern überließ Gustaf ihm für kurze Zeit das Ruder und verständlicherweise erst, nachdem sie den gefährlichen Teil der Reise über den Stollergrund hinter sich gebracht hatten. Hier unter Land bei Boknis Eck konnte er ja nicht mehr viel Schaden anrichten.

Aber dann passierte Gustaf die Sache mit dem Klüverfall. Es glitt ihm beim Segelsetzen aus der Hand und rauschte nach oben. Gustaf sah den

Schäkel aus Nirostastahl in den Wolken verschwinden, während das Fall sich zu seinen Füßen wie ein häßlicher Bandwurm ringelte.

„Verdammt noch mal", schnauzte Gustaf den Rudergänger an, „dat kommt davon . . .!" Wobei er offenließ, was wovon kam. Doch danach fragte dann Julchen. „Mönsch Vati", sagte sie kampfbereit, „da kann doch der Willi nischt für, wenn du das Fall ausrauschen läßt!" – „Eben . . .!" bellte Gustaf gereizt zurück. Es war wieder nichts mit der Schuldverdrängung. Er überlegte: Wäre dieser Bengel nicht an Bord, hätte er selbst am Ruder gesessen, und Julchen hätte den Klüver gesetzt, und das Fall wäre nicht ausgerauscht . . . nee, so herum ging es auch nicht. Wieso mußte ausgerechnet ihm so etwas Dämliches passieren.

SINDBAD fehlte der Klüver sehr. Sie boxte faul gegen den kabbeligen kurzen Schwell an, der ihr unter der Küste entgegenstand. Ohne Klüver war die SINDBAD am Wind ein lahmer Gaul. Gustaf fluchte „Schiet an' Boom" und Schlimmeres. Das Fall blieb oben.

„Lot mi an't Ror!" schnarchte er den verdatterten Willi an, der doch wirklich nichts dafür konnte, daß SINDBAD wie ein Schaukelpferd auf der Stelle bolzte.

„Soll ich Ihnen das Fall runterholen, Schipper?" fragte Willi. – „Nee", sagte Gustaf, der wußte, daß es bei dem Gebolze nicht möglich war, in den Mast zu entern.

„Wieso? Is doch kein Problem", sagte Willi – froh, etwas sagen zu können, was seine Reputation in den Augen des Skippers etwas aufpolierte.

„Is doch 'n Problem", antwortete Gustaf unwirsch. Er wurde immer ärgerlicher. Würde diese Rotznase ihm alten Salzbuckel etwa erklären wollen, wann, wie und bei welchen Seegang man in den Masttopp entern könnte? „Nich mal bis zur Saling kommst du", sagte er höhnisch, „dann kann ich deine schäbigen Reste mit'm Spachtel vom Deck abkratzen!" Er hatte das Problem längst erkannt. Es ging nicht, auch nicht mit einem Bootsmannsstuhl und einer Sorgleine um den Mast. Es war einfach zu viel Dünung.

Da setzte Willi, ohne ein Wort zu sagen, zu einem Sprung an. Er schnellte sich vom Kajütdach auf den Reffbeschlag des Großbaums, griff nach dem Großsegelfall und hangelte sich daran vier bis fünf Meter am Mast empor.

Dann setzte er die Füße auf die Segelrutscher und kletterte mit wenigen, flinken Tritten am Vorliek entlang bis in Salinghöhe.

„Runterkommen!“ brüllte Gustaf. „Komm sofort an Deck zurück. Du büst woll mall – ohne Bootsmannsstuhl – und bei solchem Seegang!“ – Das hätte er sich ja nicht selbst getraut. Na ja, getraut wohl, aber nicht getan. Höchstens früher als junger Kerl, aber immer nur mit Bootsmannsstuhl und einem Macker, der ihn vorheißte. Dieser Haarmensch brachte ihm und Julchen wirklich nur Unheil. „Kumm stracks dal!“ rief er noch einmal.

„Ay, ay, Schipper“, tönte es von der Saling, „komme gleich. Aber mit dem Klüverfall!“ Und schon kletterte er, flink wie ein Affe, von der Saling weiter an dem sich verjüngenden Mast empor bis kurz unterhalb des Standers. Dort wickelte er seine langen Haxen fest um Mast und Segel, denn er wollte nicht abgeschüttelt werden. Der Masttopp machte in dieser luftigen Höhe nämlich tolle Bewegungen.

Als er sich ein paar Sekunden verschnaufte, rief Gustaf „Wat iss?“ – „Ende der Stange“, rief Willi zurück, der ein Witzbold zu sein schien. Dann packte er mit den Zähnen den Takling des Klüverfalls wie eine Katze ihr Junges und rutschte Hand über Hand am Großfall nach unten. Die langen Beine benutzte er dabei nur, um sich gegen den Mast abzufedern. „Irrer Trip“, sagte er, als er an Deck stand. Er keuchte dabei nicht einmal.

„Mönsch, Klasse!“ rief Julchen. „Was Vati, der Willi ist dufte, nöch? So möchtste klettern können, was!“

Gustaf schnappte nach Luft. Er räumte schweigend den Platz am Ruder für Willi, nachdem dieser den Klüver gesetzt, das Fall aufgeschossen, die Leeschot übers Spill gebraßt und die Luvschot klariert und korrekt überreppt hatte, woran niemand beim besten Willen etwas auszusetzen gehabt haben könnte. Nicht einmal Gustaf in seiner miesesten Laune. „Hmm“, brummte er nur, „wat 'n Leichtsinn!“ und gab die Pinne an Willi ab, der sich eine Zigarette anzündete und vergnügt des Skippers Platz einnahm, während Julchen strahlend an seine Seite rückte und ihn anhimmelte.

Gustaf hatte eigentlich vorgehabt, Julchen in Schleimünde nicht aus den Augen zu lassen. So ein langer, einsamer Strand. Und sein unschuldiges Kind mit diesem behaarten Wüstling zusammen.

Aber er trank dann doch, während die Frauen das Abendbrot bereiteten, in der Giftbude eine Buddel Export mit ihm und sah ihm dabei ernst in die Augen. Und nach dem Abendessen durften die jungen Leute auch mal nach den brütenden Möwen sehen, ohne daß Gustaf ihnen eine Ermahnung mit auf den Weg gab.

Nur so, um überhaupt etwas zu sagen, rief er hinter ihnen her: „Paß op, dat euch de Seeschwalben nich in'n Kopp hacken dohn!" Aber er meinte ganz etwas anderes. Doch er sagte es nicht.

Die ‚New Generation' hatte den ollen Gustaf ganz schön aufs Kreuz gelegt.

Der Ring des Polykrates

„Mist", sagte Frieda, „immer dieser Regen! Ich will endlich mal dorthin, wo die Sonne scheint."

Mit Gustafs Gesicht konnte man Eier abschrecken, so sehr hatte ihn Frieda geschockt. „Vielleicht an die Kot Azür?" fragte er ahnungsschwanger und sah bereits in seinem Portemonnaie die Sonne für immer untergehen. Doch was soll's – die Frauen setzten sich durch: Kot hin, Kot her – der *Süden* lockte.

So mieteten sie also einen Motorkahn in Aigues-Mortes und daddelten damit ein bißchen durch die Camargue. Es gab viel Sonne, Mücken und wenig Service. Als die Butter im Kühlschrank schmolz, das Trinkwasser knapp wurde und ihr Gehirn Blasen warf, wechselten sie die Tapeten. Sie besuchten den historischen Fischerhafen Sète und danach den riesigen Salzsee Etang de Thau, wo sie der Mistral zwei Tage in Mèze einwehte. Dann verloren Flamingos, Austernbänke und Salzstaub in der Koje ihren Reiz, und

Gustaf zog es ans offene Meer. Wenn man schon mal da unten war. Über Agde, Béziers wollten sie nach Port-la-Nouvelle, wo der Canal Midi ins Mittelmeer mündet. Endlich mal wieder echte Schleimünder Seeluft atmen!

Abgesehen von der siebenstufigen Treppenschleuse bei Béziers hatten sie mit Schleusen – der Schrecken Frankreichs – bisher wenig Kummer gehabt. Doch auf dem kurzen Schenkel zum Meer erwarteten sie 14 Stück auf 32 km – gespickt mit Schikanen. Mittendrin fließt der Kanal sogar echt unter den Häusern von Narbonne hindurch. Ein ziemlicher Schweinkram, aber Julchen hatte ihren Spaß daran. Und das Abwärtsschleusen war recht einfach.

Port-la-Nouvelle entpuppte sich als stinkender Handelshafen. Und das Mittelmeer als bleierner Teich von grauer Farbe und öliger Konsistenz. Daher begab man sich bald auf den Rückweg. 14 Schleusen bergauf! Das war ein anderes Ding: Was abwärts ein Vergnügen war, erwies sich aufwärts als Strafe Gottes. Und bei Narbonne passierte es dann, das Ding mit dem Ring. Da nahm ihnen beim Einlaufen in die Schleuse kein hilfsbereiter Schleusenwärter die Fangleine ab. Statt dessen wies ihnen ein barsch ausgestreckter Zeigefinger einen Platz an der jenseitigen Schleusenmauer zu, weil an der anderen Seite schon eine *péniche* (Lastkahn) und eine Schweizer Motoryacht festgemacht hatten.

Gustaf wollte beim Wärter protestieren, denn an der ihm zugewiesenen Seite war keine Leiter. Wie sollte Julchen mit der Leine die sechs Meter hohe, glitschige Mauer erklimmen? Doch der verdammte *gardien d'écluse* hatte es bannig eilig. Er drehte achtern das Tor dicht und vorn die Schieber auf – und schon schoß die Entengrütze des Kanals donnernd ins Schleusenbecken, wo Gustaf mit seinem Kahn alsbald Karussell zu fahren begann. Die Weiber schrien hysterisch; das Heck krachte gegen das Balkenwerk; Gustaf gab Gas, kam von der Wand frei – und rammte auch schon mit dem Steven vierkant die Schweizer Lustarche.

Eine echte Gnäfrau hüpfte dortselbst wie ein Kugelblitz an Deck hin und her, um einen Fender geschickt an der falschen Stelle zu plazieren. Mit Erfolg – GFK knirschte auf Polyester! Dazwischen ein mörderischer Schrei: „Mein Ring!"

Ja, ihr Ring. Der lag im Teich. Ein dreiviertelkarätiger Klunker in Platin gefaßt. Und Gustaf hatte angeblich schuld. Scheunen Schiet.

Draußen vor der Schleuse legten beide Schiffe an, um den Schaden zu klarieren. *Gardien,* Helvetier und Deutsche diskutierten lautstark und polyglott die Schuldfrage. Dabei fielen Ausdrücke wie Kretin und Boche, die der dolmetschende Schweizer Skipper ebenso höflich unterschlug wie Gustafs Morskopp und Schietenkleier. *Comme il faut,* man war in Frankreich.

Während die Männer sich stritten, hatte Julchen ihr Angelgeschirr ausgekramt, einen Köder angesteckt und die Schnur außenbords gefiert. „Muß denn das dumme Gör ausgerechnet jetzt angeln?“ raunzte Gustaf unwirsch.

„Laß sie doch“, sagte Frieda, „sie meint, sie fängt den Fisch, der vielleicht den Ring verschluckt hat – den Ring des Pollü . . .“ – „Polykrates“, sagte Julchen und fischte weiter. Man konnte ja nie wissen.

Die restlichen Schleusen bewältigte Gustaf ohne Unfall, da er Julchen jetzt immer *vor* der jeweiligen Schleuse an Land setzte, damit sie ihn beim Einlaufen am Kai erwarten und die Leinen übernehmen konnte. Ans Mittelmeer wird er wohl so bald nicht wieder fahren. Man kann die Sonne ja auch im *Herzen* haben. Und den Fisch, der den Ring des Polykrates verschluckte, hat Julchen natürlich auch nicht gefangen.

Die Hafenbande

Julchen hat ihren Skipper neulich einen „fiesen Chauvie" genannt, als er sich mal wieder über die Lümmels am Nachbarsteg aufregte. Sie feierten irgendeine Bordfete und warfen sich dabei gegenseitig laut kreischend ins Hafenbecken.

Gustaf nennt sie nur „die Bande" und wünscht sie alle zum Teufel samt ihren langen Haaren und dem Punk-Getue. Es ist eine Clique, zu der zwei H-Jollen mit ihren Piepels gehören und eine zur Motoryacht umgebaute Marinebarkaß. Die Burschen unternehmen alles gemeinsam, ihre Reisen, ihre Feiern und ihre Streiche. Besonders diese! Gustaf glaubt, sie stehlen auch Katzen und kleine Kinder, und er macht sie für alle Einbrüche im Hafen verantwortlich (wer soviel Haare im Gesicht hat . . .!). Nur darf Julchen das nicht hören, denn dann wird sie kiebig und nennt ihn einen Spießer, der kein Verständnis für die Jugend hat.

Übers Wochenende ist die SINDBAD nach Damp gesegelt, weil in Strande und Schilksee neuerdings Gästeplätze knapper sind als Sonnentage im Juli. Damp . . . na, ja – man liegt dort gut und sicher, und alles wirkt recht gepflegt. Auch die Preise. Wenn nur der Lärm nicht wäre! Als Gustaf sich mal unverbindlich nach den Störenfrieden umsieht, hat er gleich wieder Scheuerpulver in der Stimme: Natürlich, dachte er sich's doch gleich – die Hafenbande mit ihren Segel-Groupies!

Breitbeinig steht Gustaf auf der Pier. Er ähnelt dabei dem Colleoni auf seinem Streitroß in Venedig. Und er erhebt drohend Faust und Stimme. Euch werde ich es zeigen! Ihr sollt mich noch kennenlernen! High-noon-Stimmung vor der Damper Betonkulisse. Fast wie im Kino.

Frieda tröstet ihn, und Julchen sagt auch nicht mehr „Chauvie". Am nächsten Morgen wirft er zeitig die Leinen los. Nur weg von hier! Er macht einen Schlag in die Eckernförder Bucht und ankert zu Mittag vor Surendorf. Zur Kaffeezeit macht er sich auf den Nachhauseweg. Immer hübsch unter Land und bei Bülk knarsch um die Ecke. „Brumm bloß nicht auf", sagt Frieda ängstlich. Gustaf schüttelt den Kopf: Quatsch!

Als er gerade nachrechnet, wie oft er wohl schon heil diese Kurve gekratzt hat – 300mal? 400mal? –, macht die SINDBAD einen kleinen Rumpler, so als sei sie über einen Sandbuckel geschrammt. „Siehste!" ruft Julchen. – Gustaf peilt die Lage: Die Untiefentonne Bülk Ost liegt querab an Backbord, der Abstand zum Land beträgt 200 Meter. Büschen knapp diesmal. Aber da sitzt die SINDBAD schon auf den Steinen. Er hat das Niedrigwasser nicht einkalkuliert und kann sich nun zu allem Ärger auch noch das Gequarre seiner Weibsen anhören: „Hättste bloß . . .!"

Draußen fahren eine Menge Schiffe vorbei. Aber viel zu weit weg, um helfen zu können. Gustaf steigt außenbords und versucht zu schieben und zu drücken. Vorwärts, rückwärts – alles umsonst. Der Steingrund hält fest, was er hat. Mann in de Tünn – die Dünung ist schwach, aber wenn es aufbrist, mag es böse aussehen. Wenn nur jemand vorbeikommen würde. Doch nichts passiert.

Eine Stunde ist vergangen. Da krächzt Julchen plötzlich: „Sieh mal, Vati, wer da kommt – deine Intimfeinde!" Richtig – um die Ecke tuckert ein Schleppzug. Vorweg die blaue Barkaß, am Tampen die beiden Jollen. Die Groupies an Deck quietschen und juchzen.

Angewidert wendet Gustaf sich ab. Lieber vor Bülk versaufen als . . . Aber da hat Julchen schon gewinkt. Die Barkaß schert auf sie zu. Auf zwei Meter Wassertiefe dreht sie bei; die Jollen machen los, die Burschen schwingen ihre Stechpaddel und kommen bei Gustaf längsseit. „Schipper, wat is? Wollt ihr hier Radieschen pflanzen?"

Gustaf will gerade explodieren, da sagt Julchen ganz fromm: „Mönsch, könnt ihr uns nicht abschleppen?" Die Maaten grinsen. Einer springt ins Wasser und versucht rückwärts zu schieben. „Nee", sagt er zu Gustaf, „dat geiht nich. Mook man de Lien klor. Wie sleppt dwars." Es ist der Kleine, der das sagt. Er ist im Gesicht völlig zugewachsen und hat einen Goldknopf im rechten Ohr. Wie ein Steiff-Affe, denkt Gustaf und reicht ihm seine Schlepptrosse wortlos zu.

Der Steiff-Affe klettert an Deck, schlägt mit dem Tampen einen Palstek um den Mast und heißt die Schlinge an einem Fall bis zur Saling vor – fachmännisch, wie Gustaf es nicht besser machen könnte. Dann schickt er die andere Jolle zur Barkaß, um eine zweite Trosse zu holen. Die stecken sie mit einem doppelten Schotstek korrekt an Gustafs Ende, binden die Jollen bei der SINDBAD an, hängen sich zu dritt ins Want und rufen „Törn to!" zur Barkaß rüber. Die Barkaß dreht auf, die Trossen kommen steif und krängen die SINDBAD bis zum Schandeck weg.

Die Frauen sind unter Deck geflüchtet. Gustaf steht am Ruder, fürchtet um seinen Mast und fühlt sich (mit Recht) völlig überflüssig. Doch da rumpelt es schon: Rums, rums, rums –! Und schon ist die SINDBAD querschiffs über die Klamotten gezerrt und schwimmt aufrecht im tiefen Wasser. Ehe er sich versieht, hat er seine Trosse wieder an Deck. „Tschüs Schipper, und gute Reise!" Weg sind sie. Er hat nicht mal mehr Dankeschön sagen können.

Julchen erscheint kampfbereit im Niedergang – eine kleine, zürnende Nemesis. „Wink ihnen wenigstens zu, wenn du dich schon nicht bedankst", sagt sie giftig. Und Frieda flötet aus dem Hintergrund: „So nette junge Leute! Man hätte ihnen vielleicht Kaffee anbieten sollen."

Gustaf fühlt sich verunsichert wie nie zuvor in seinem Leben. Der Kleine, der Affe – wie fix der den Palstek unter der Saling hatte. Und das Abbergen – einfach 'ne Wucht. Echt gekonnt! Ob er die Kerle mal zu einem Bordschnaps einlädt? Oder ob er da erst Coca Cola besorgen muß? – Sie werden ja wohl kein Ungeziefer mitbringen. Wer weiß. Bei soviel Haar!!! Na – brauch' ja nich' gleich morgen zu sein.

Merke: Der Sport rührt an die besten Seiten des Menschenherzens. (Irina Rodnina, Eiskunstlauf-Weltmeisterin)

Seufz!

Kennen Sie das auch? Immer wenn das Segeln am schönsten ist, holen die Gören ihre Schmöker raus und lesen. – Soweit man das Entschlüsseln fragmentarischer Sprechblasen überhaupt „lesen“ nennen kann. Besonders seit Julchen ihr eigenes Boot hat, langweilt sie sich auf Gustafs SINDBAD. Oder sie tut jedenfalls so. Mal muß zur Gesellschaft eine Freundin mitkommen (auch wenn sie die an Land nicht ausstehen kann), mal will sie „heute aber *nur* bis Strande“. Wenn irgend was nicht nach ihrem Wunsch verläuft, verschanzt sie sich hinter Asterix, Donald Duck und Speedy Gonzales und redet von nun an mit fremden Zungen.

Gustaf stinkt das Getue gewaltig. Schon am Laböer Ehrenmal geht das los: „Fock dicht!“ – „Seufz!“ „Komm Kaffeetrinken!“ –„Schlürf!“ Zum Abendbrot sagt sie „Mampf!“ und als Gutenachtgruß „Schnarch!“ Schnüff, Peng, Boinng, Wauw und Grunz – das ist ihr ganzer Wortschatz von Kiel bis Schleimünde.

Gustaf ist bisher nicht dahintergekommen, woher das dämliche Gör diese Lektüre immer bekommt. „Laß doch“, begöscht ihn Frieda, „das sind nur harmlose Groschenhefte. Die lesen doch alle Kinder.“ Als Gustaf ein solches Traktat aber mal gründlich inspiziert, entdeckt er, daß sie zwei bis drei Mark kosten, und das macht ihn noch stutziger. Seitdem hat er Frieda in Verdacht, mit Julchen zu kollaborieren. Und das findet er gemein.

Querab von Bülk hockt Julchen zusammengekrümmt mit „Fix und Foxi“ in einer Cockpitecke. Es ist Ostenwind, die flaschengrüne See schäumt wie Sekt – Segeln wie auf den Bahamas! Doch Julchen ist verzaubert von Tüfteltheo und Klotzkanone. Beim Kiel-Feuer raumt der Wind, und sie soll den Ballon setzen. Der Skipper muß es dreimal sagen. Erst dann sagt sie „Schnüff!“ und legt maulend „Speedy Gonzales“ aus der Hand. Die SINDBAD rauscht jetzt ab wie die Feuerwehr, die Seen haben sich zahnpastaweiße Kapuzen aufgesetzt, und selbst Frieda lächelt zufrieden. Doch Julchen studiert „Asterix“ und sagt zu Gustafs Anker „Hinkelstein“.

Zwei Stunden später am Sperrgebiet vor Schönhagen – Gustaf genießt die warme Sonne über der blauen See – ist sie schon bei den härteren Sachen angelangt und mampft gierig einen Batman namens „Fantom". Und beim Einlaufen nach Schleimünde muß Frieda ihr ein blutrünstiges Machwerk, das den Namen „Die Nacht der mordenden Gespenster" trägt, förmlich aus den Händen winden. „Uaaah! Ausgerechnet mein Gruselkrimi!" sagt Julchen und begibt sich mürrisch an die Fallen.

Nachdem sie an der Giftbude festgemacht haben, motoren Gustaf und Frieda mit dem Dingi nach Maasholm zum Einkaufen. Als sie abends nach Schleimünde zurückkehren, ist Julchen nicht an Bord der SINDBAD. Wo mag sie nur sein? Nach langem Suchen finden sie das Töchting dann endlich am Strand, zwischen kreischenden Möwen und Seeschwalben im Sand hockend – mit glasigen Augen dieser Welt vollends entrückt. In der Hand hält sie „Die Blutgärten von Sodom" und stöhnt heiser „Zitter, zitter!"

Gustaf schwellen die Adern an den Schläfen dunkelblau an, und sein Gesicht kriegt die Rostfarbe einer eisenhaltigen Heilquelle. Aber Frieda drückt das arme Kind an den mütterlichen Busen und tröstet es liebevoll. „Ist ja unsere Schuld", sagt sie, „was mußten wir auch nach Maasholm fahren".

Sündenfall

Sachen gibt's, die gibt's eigentlich gar nicht. Die kann man nur hinter der vorgehaltenen Hand erzählen. So zum Beispiel wo und wie Gustaf den diesjährigen Sommerurlaub verbracht hat und warum die SINDBAD ohne ihren Skipper . . .

Also mal ganz im Vertrauen gesagt, schön war das nicht von Gustaf, und man müßte sich eigentlich für ihn schämen, wenn er es nicht selbst tut. Die Sache begann im Frühjahr mit Friedas Rheuma. Der Arzt hatte ihr strikt das Segeln verboten, und Gustaf war sauer wie noch nie. Auch das noch – ihm blieb wirklich nichts erspart.

Bei Heini erleichterte er sein übervolles Herz. Heini dachte einen Augenblick nach und fragte mit pfiffigem Grinsen: Segeln hat der Arzt gesagt?" Klar hatte der Arzt ‚Segeln' gesagt. Was denn sonst. – „Na, ja", meinte Heini listig, „wie wär's denn mit Motorbootfahren?"

Gustaf sah den Freund an, als habe der die SINDBAD angebohrt. War Heini besoffen? Was hatte er gesagt – Motorboot? „Du büst woll nich klok", sagte Gustaf. Erstens hatte er kein Motorboot, zweitens würde er sich auf so ein Dings nie draufsetzen, drittens was sollten die Leute von ihm denken, viertens hatte er doch die SINDBAD am Hals, und fünftens: was änderte das an Friedas Rheuma. Nein – der Vorschlag war Quatsch.

„Man nich so kiebig", sagte Heini, „sieh mal, Frieda soll doch bloß nicht auf deiner alten, nassen Hulk segeln. Hat der Arzt was von einem trockenen, warmen Motorboot gesagt? Hauptsache, du kommst aufs Wasser. Wie, ist doch egal."

„Na und die SINDBAD? Soll ich die versenken?"

„Nee", sagte Heini, „verchartern! Krichst ne Masse Geld dafür. Kanns noch dran verdienen."

„Also du büst mi de Richtige!“ – Gustaf war platt, dieser Heini war ein Filou. Selbst wenn er es gewollt hätte, wie könnte er das im Verein jemals geheimhalten. Das Gelächter, wenn man ihn mit einer Motorquatze in Strande traf, war nicht auszudenken.

„Braucht ja nicht direkt Strande zu sein“, sagte Heini. „Miet dir doch ein von die eisernen Pantoffeln in Holland. Da brauchs wenichstens nich diesen dusseligen Führerschein wie bei uns. Kost da drüben ok allens blots de Hälfte.“

Gustaf lief eine Woche mit wirrem Kopf umher. Dann hatte er sich – natürlich nur rein informativ und ganz unter der Hand – ein paar Unterlagen über die Charterei in Holland besorgt.

„Na“, fragte Heini ihn auf dem nächsten Klubabend, „hast du dir das überlegt?“ – „Pssst!“ machte Gustaf – wie konnte der Kerl so unvorsichtig sein. Das mußte doch absolut geheim bleiben. „Holland geht nicht“, sagte er leise, „überall Brücken und Schleusen, und dann diese vielen Kühe – da macht Frieda niemals mit.“

„Tja“, sagte Heini und kratzte sich am Kopf. „Wie wär's dann mit England? Da soll es ganz schöne Binnenreviere geben.“

„Du büst woll mall“, sagte Gustaf, „ausgerechnet England, wo die Leute nichts als ingelsch sprechen, und dann der Regen und die Gezeiten und überhaupt – kümmt nich in Froge. England, son Quatsch!“

Im Juni wunderten sich die Vereinskameraden, daß sie die SINDBAD unter fremder Besatzung im Belt und Kattegat trafen. Sie peilten neugierig die Lage, denn das Schiff konnte ja geklaut sein. Aber es war nicht geklaut. Es war verchartert. Und wo Gustaf war, wußten die Leute nicht.

Nee, das konnte wirklich niemand wissen. Nicht mal raten konnte man das. Gustaf schipperte nämlich in England mit einer fetten, hängebäuchigen Motoryacht umher und studierte Land, Leute und fremde Sitten. Er hatte sich vorgenommen, alles schrecklich zu finden, und er tat es ja auch nur Friedas wegen. Na ja, einige Dinge fand er trotzdem ganz bemerkenswert. So z.B. daß die englische Sprache für einen Plattdütschen kaum Schwierigkeiten bot: Stüerbord hieß starboard. Woter hieß water und vull hieß full. Dazu brauchte man kein Lexikon. Und daß die Tommies recht unkomplizierte Leute waren, die ihm das dicke Schiff ohne eine Spur von Mißtrauen und ohne nach einem Führerschein oder Klubausweis zu fragen, nach kurzer Probefahrt in die Hand drückten. Farewell und Gute Reise! Das war alles.

Gustaf lernte, wenn auch unter heftigem Kopfschütteln, daß es als spießig galt, die Fender während der Fahrt einzuholen. Spießig war offensichtlich auch das Fahren einer Flagge, das Bestehen auf Wegerecht, das Rasen, das Verstauen der Festmacher. Gustaf entdeckte die Vorteile einer Dusche an Bord. Von Stehhöhe, Eisschrank und dickem Schaumgummi in der Koje ganz zu schweigen.

Doch das Seltsamste waren diese Engländer. Die waren ja direkt nett zu einander. Niemand schrie hysterisch „hier könnse nich rein, hier is alles voll“ oder „kommse mir bloß nich an die weiße Farbe“, wie er das von zu Hause gewohnt war. Nein, jeder half dem anderen; Motorboote schleppten

ohne viele Worte aufgebrummte Segler ab; jeder nahm unaufgefordert Gustafs Leinen wahr; dicke Pötte verholten wortlos, um ihm an der Muring Platz zu machen. Na und die Krönung war, daß ihn ein Tommy sogar für einen richtigen Schweden hielt. Denk bloß mal! Was für Menschen waren das!

Frieda beruhigte ihn – sicher waren die nur auf dem Wasser so. Ein ganzes Volk konnte doch gar nicht so sein. Nöch?

Machte ihn die britische Freundlichkeit verdutzt, das Motorbootfahren verwirrte seinen Verstand vollends. Er suchte verzweifelt nach negativen Punkten. Es mußte doch irgendwo was Schlechtes dran sein. Man konnte doch nicht 20 Jahre leidenschaftlich gesegelt haben und nun mit einmal an solch läppischem Kram Spaß finden. Er würde den Vereinskameraden nie wieder in die Augen sehen können.

Nach ihrer Rückkehr traf er Heini am Hafen. „Na, wie war's?" fragte der Freund. – „Och", sagte Gustaf, „man so!" Doch dann wandte er sich Heini mit beschwörender Geste zu: „Mönsch, Heini, ganz was Schlimmes ist passiert." – „?" –

„Ja, stell dir vor: Nicht nur, daß ich mit einem Motorkahn unterwegs war – nee, obendreen hett mi dat ok noch Spoß mokt!"

„Süh so", antwortete Heini und grinste maliziös.

Ramses

Ja, so haben sie Gustaf im Verein getauft: „Rammses!" Und das nur, weil Julchen, dieses dämliche Gör, den Mund nicht halten konnte. Es war so gekommen:

Die Brücke von Potter Heigham liegt wie ein Steinhöcker in der weiten Wiesenlandschaft der englischen Norfolk Broads. Sie wurde im 15. Jahrhundert erbaut, um den Wagenverkehr nach Great Yarmouth über den River Thurne zu leiten. Ihr nur etwa zwei Meter hoher Mittelbogen – geschunden und zerschrammt von unzähligen Rammings – ist seit 500 Jahren der Schrecken aller Frachtschipper, die drunter durch müssen, wenn sie in die ostwärts gelegenen Teile des Landes wollen.

Auch die Sportbootfahrer haben damit Probleme. Als die Charterboote immer größer und die Hobbyskipper immer dämlicher wurden, postierten die Verleiher einen Lotsen an der Brücke und ein Schild in den Cockpits ihrer Boote mit dem Hinweis, sich beim Passieren der Potter Bridge, *please* dieses *pilots* zu bedienen. Ach, hätten die Briten bloß das Wörtchen „please" weggelassen! Gustaf, der mit den Landesbräuchen nicht so vertraut war, um zu wissen, daß auf britischen Schildern *please* nicht „bitte" bedeutet, sondern „gefälligst", faßte es prompt als unverbindliche Empfehlung auf. Lotse, wat'n Quatsch! Hatte er doch schon ganz andere Brücken durchschifft. Sogar unter Segel.

Der Ort Potter Heigham selbst bietet außer jener pittoresken Brücke nur noch vier Bootsschuppen und eine Wasserkneipe. Sozusagen der Arsch der Welt. Doch an Wochenenden ist der Steinhaufen umlagert von Hunderten schaulustiger Familien, die in der blutrünstigen Erwartung, daß etwas passieren möge, mit Klappstuhl, Kind und Thermosflasche die Ufer säumen. Sie werden selten enttäuscht: Die Schrammen in den Granitblöcken zeugen von unzähligen abgesäbelten Kajütdächern, gesplitterten Windschutzscheiben und geborstenen Aufbauten.

Aber Gustaf hatte die lichte Höhe des mittleren Brückenbogens ganz *cool* taxiert. Er stieß ins Horn, gab Gas, zog den Kopf ein und steuerte sein Boot lässig durch das schwarze Loch. Nur der Signalmast kratzte leicht am Gewölbe. Die Zuschauer an Land klatschten Beifall. Gustaf hob die Nase in die Luft – stolz wie Häuptling Sitting Bull nach der Schlacht am Little Bighorn River. Na bitte!

Dann tuckerten sie selbdritt den Thurne aufwärts. Sie besuchten Hickling Broad und Horsey Mere und badeten in der Nordsee (die da oben so blau ist wie Surabaya-Johnny nach dem zwölften Grog), und wo auf einen Menschen eine Meile feinster, weißer Norfolk-Badestrand „entfällt". Die Sonne schien, der Ostwind blies frische Seeluft über die Dünen. Ein Klasse Urlaub! Aber leider war er nach einer Woche zu Ende. Morgen mußten sie ihr Boot in Wroxham zurückgeben. Also nix wie los!

Die Potter-Brücke sah diesmal ganz anders aus: viel kleiner, als ob sie beim Waschen eingelaufen wäre. „Vielleicht ist das Wasser gestiegen", quarrte Julchen dem Skipper in die Navigation. Doch der hatte kaum Zeit, „Quatsch" zu sagen, so sehr forderte die Gedankenarbeit seine vollste Konzentration. Sicherheitshalber ließ er den Signalmast legen und das Nebelhorn abschrauben. Dann dampfte er unter sorgfältigstem Peilen der Höhe auf die Tropfsteinhöhle zu.

„Kuck mal, was hier steht, Vati", sagte Julchen auf einmal und zeigte auf eine Seite im „Skipper's-Manual": *. . . länger andauernder Ostwind kann das Wasser bei Potter Heigham bis zu einem Meter steigen lassen.* Aber Gustaf hatte nur noch Augen für die Brücke. Es hatte auf dem Hinweg geklappt, warum sollte es nicht auch auf dem Rückweg gehen.

Julchen sah gerade noch seine weiße Kapitänsmütze ängstlich in die Hocke gehen, da krachte es auch schon: Der Kahn hatte sich fest verkeilt unter dem Brückenbogen, den der unerwartete Rammstoß wie ein tektonisches Beben Stärke 8 traf.

Das Volk am Ufer johlte. Von der Brücke reckten sich lange Hälse. Kinder warfen ihre Mützen in die Luft. Und eine tiefe Stimme grölte: *„The Germans to the front!"*

Die Ramming hatte den Lotsen aufgescheucht. Er steckte den Kopf übers Geländer, um zu sehen, welcher Idiot mal wieder den Verkehr blockierte. Natürlich diese Deutschen! Die wollten immer alles alleine machen und wußten alles besser. „Was nun?“ rief er Gustaf zu. Dieser sah ihn mit dem traurigen Blick eines Pawlowschen Hundes an und zuckte die Schultern.

Den Lotsen packte Mitleid, schließlich waren sie NATO-Partner. Außerdem wollte er die Durchfahrt freimachen. Deshalb heuerte er in Gustafs Namen für ’ne Lage Eiscreme plus Coke ein Dutzend Gören an, die in der Kajüte dicht wie Heringe gestaut wurden, damit der Kahn 10 Zentimeter tiefer tauchte. Na ja, und dann ging’s. Mit Mühe, aber es ging.

Als die Brücke hinter ihnen lag, sagte Julchen kichernd: „Vati, hihi, du bist ’n richtiger Rammses!“ Aber der Skipper war zu traurig, um ihr eine runterzuhauen. Außerdem mußte er überlegen, wen oder was dieser Rammses denn eigentlich gerammt hatte. War das nicht so ein oller Ägypter? Danach nahm er sich erst mal das „Skipper’s Manual“ vor. Seite für Seite buchstabierte er sich durch den Text. Mannomann, was stand da alles drin! Schade, daß man so etwas immer erst liest, wenn der Urlaub zu Ende ist.

Merke: Aller Vatersinn ist ohne Macht, wo der Kindersinn mangelt. (J. H. Pestalozzi)

Der Reigen

Gustaf liebt das Segeln über alles, aber er weiß nicht, warum das so ist. Andere scheinen es auch nicht zu wissen. Heute, an einem regnerischen Tag, hat er mit vier Leuten im Club gesprochen. Interessant, was die so erzählen:

Der Skipper: Mann, am liebsten tät ich meinen Kahn verkaufen! Das miese Wetter, die Kosten, die Rezession, das Finanzamt, der neue Spinnaker, die letzte Beitragserhöhung – und dann die dauernde Bettelei. Ich besuche deshalb schon seit langem keine Veranstaltungen mehr. Läßt man sich mal wo blicken, gleich wollen die was von einem. Meistens Moneten! Gibst du was, sind se futsch – gibst du nix, ist die Freundschaft im Eimer. Zum Dank stopft der Hafenwart alles mit neuen Schiffen voll, um noch mehr Geld zu kassieren. Man kann sich kaum noch rühren. Am besten bleibt man dauernd im Hafen liegen. Höchstens, wenn die Sonne scheint, mal ein kurzer Schlag auf der Förde (die Stunde statistisch belegt zu 150 DM). Nachmittags regnet's sowieso. Nee – die vom Vorstand haben es besser: kein eigenes Boot, keinen Ärger und immer die duften Vorstandsessen. Segeln ist Quatsch! Ehrlich – im Vorstand müßte man sein und mal regieren.

Das Vorstandsmitglied: Es ist zum Auswachsen! Da habe ich mir schön was auf den Leib gerissen! Keine freie Stunde mehr: Regattaausschuß, Etatbesprechung, Verbandstagung, Hauptversammlung, Führerscheinprüfung, Satzungsänderungen, Liegeplatzverteilung, Vorstandssitzung, Jugendgruppe, Winterlager, Nachrichtenblatt. Arbeit von früh bis spät, und alles ehrenamtlich. Schön doof! Freiwillige Helfer? Wer denn? Nee, nur Gemecker! Meine Familie kriege ich vor lauter Repräsentationspflichten überhaupt nicht mehr zu sehen. Und einen Beruf habe ich schließlich auch noch. Ich habe es jetzt echt satt. Zum Frühjahr lege ich mein Amt nieder. Endlich will ich mal in Ruhe auf der Clubterrasse mein Bierchen trinken wie unsere Inaktiven. Ja, die haben's gut.

Der Verandasegler: Bißchen teuer die Mitgliedschaft, aber zum Glück kann ich das als Spesen absetzen. Irgendwo muß man ja schließlich drin sein, und auf der Clubterrasse sitzt man bei schönem Wetter ganz gut. Bloß ziehen tut es da mächtig. Versammlungen besuche ich nicht. Keine Zeit. Beitragserhöhung? Ohne mich! Wofür denn? Ich muß ohnehin alles bezahlen, was die Aktiven kaputtmachen und habe nichts umsonst. Soll man doch Umlagen von denen erheben, die die Kosten verursachen – vor allem die Regattasegler. Nein, Vereinsmeierei liegt mir nicht. Winterlager? Nicht mein Bier: Jeder muß sehen, wo er bleibt! Meine Garage schenkt mir ja auch niemand. Das Nachrichtenblatt? Sollte man ruhig eingehen lassen. Kostet bloß Geld. Aber es gibt ja immer Leute, die sich betätigen müssen. Das sieht man am

Vorstand. Der taugt überhaupt nichts. Früher klappte das viel besser. Den besten Job hat der Clubbootsmann: dickes Gehalt, überall Freibier und den ganzen Tag frische Luft. Mit *dem* würde ich gern tauschen.

Der Clubbootsmann: Mann in de Tünn, wat'n Tostand! Besonders mit den Gästeyachten. Dabei lasse ich nicht jeden in den Clubhafen rein. Ich kenne meine Pappenheimer genau – wer nicht spurt, den schicke ich fix nach Schilksee weiter. Wo doch hier alles voll ist! Oder . . .? Natürlich gibt's auch feine Leute darunter – wirklich nobel und großzügig. Besonders die Ausländer. Die kriegen selbstverständlich einen Brückenplatz. Mit Stromanschluß. Und ihre Nationale am Clubmast. Man muß ja Mensch bleiben. Ich möchte bloß mal wissen, was die Leute aufs Wasser treibt. Und dafür geben sie obendrein so viel Geld aus. Na, mir soll's recht sein – den een sien Uhl is den annern sien Nachtigall. Am schlimmsten ist der Juli. Da packe ich sie übereinander. Man muß ja helfen, wo man kann. Vorausgesetzt, daß so was auch anerkannt wird. Ich wundere mich manchmal selbst, wie ich das schaffe. Gott sei Dank habe ich die Ruhe weg. Was? Telefon? Was heißt hier „Telefon"? Ich bin jetzt nicht da, das seht ihr doch! Ja, Skipper müßte man sein. Und sich immer gut von unsereins bedienen lassen.

★

So schließt sich der Reigen. Jeder möchte der andere sein, denn das was man selbst hat und tut, ist aus einem geheimnisvollen Grund immer nicht das richtige, Gustaf schüttelt den Kopf. Merkwürdig, alle schimpfen, aber gesegelt wird doch (oder trotzdem). Wie nannte Ludwig Dinklage das? „Vom Wasser nicht wegzuprügeln."

Die Hochzeitsreise

„Ich geb' sie euch", sagte Gustaf. Er meinte die SINDBAD. Sie war sein Hochzeitsgeschenk für Julchen. Das heißt – nicht die ganze SINDBAD auf einmal, aber doch ein Stückchen davon, nämlich das Stück, welches für Julchens Hochzeitsreise gebraucht wurde.

Eigentlich war das gegen Gustafs Grundsätze. Gewisse Dinge verleiht man nicht, eine Zahnbürste, eine Frau, ein Schiff. Aber wenn es um das eigene Kind ging, mußte man wohl ein Auge zudrücken, wenn's auch schwer fiel.

Am besten wäre es, wenn er mitkäme. Er und Frieda im Vorschiff und das junge Glück auf den Messekojen. Sie würden die Jugend nicht stören. Nur mit zupacken, wenn es nötig war – ein paar zusätzliche Hände sind auf See immer zu gebrauchen.

Frieda sah Gustaf groß an, als er ihr von seiner Hochzeitsüberraschung erzählte. Sie glaubte fest, jetzt sei der Skipper vollends übergeschnappt. „Mann in de Tünn", sagte sie, „kannst du die Kinder nicht mal im Bett allein lassen? Dascha woll nich meuglich – mit Schwiegereltern auf Hochzeitsreise. Du büst woll mall worn!"

„Quatsch", sagte Gustaf, dem es nicht gefiel, wenn Frieda Platt snakte, denn dann lag meistens was in der Luft. „Sieh ma, mien Deern," säuselte er verlegen, „die Kinners freuen sich bestimmt, wenn jemand für sie das Deck aufklart, Schietenkleier speelt un Backschaft mokt."

„Nu pedd di ober nich op 'n Slips," erwiderte Frieda gereizt, die heute anscheinend ihren niederdeutschen Tag hatte. „Du bliffst to Hus, und de Kinners fohrn alleen. Basta!"

Hm – Gustaf fand, daß das keine gute Lösung war. Wenn schon ohne Boot, dann konnte er mit Frieda doch wenigstens eine kleine Reise mit dem

VW machen. Irgendwohin, wo es keinen Yachthafen gab, denn am Steg stehen, wo keine SINDBAD lag, das war zu und zu schrecklich.

Frieda war mißtrauisch. Was hatte der Kerl wieder vor? Der dachte doch nur an Wasser und Boote. „Wenn, dann nur in'n Schwarzwald. Da wollte ich schon immer hin," sagte sie, um mal zu hören, wie Gustaf darauf reagierte. Zu ihrer Überraschung sagte Gustaf: „Ollreit Smutje, pack die Koffer!" Er hatte im Atlas nachgesehen und den Titisee entdeckt. Das war Wasser ohne Yachten. Das machte ihn nicht so traurig. War nur noch die Quartierfrage zu klären.

Doch eben dies erwies sich weitaus schwieriger, als Gustaf es sich gedacht hatte. Mit der probaten SINDBAD-Methode, ‚Klamotten an Bord, Maschine an, Leinen los' ging es im Schwarzwald nicht. Zumindest nicht, wenn man am Wasser wohnen wollte mit Fenstern zum See, Möwenschreie im Ohr und etwas (wenigstens e t w a s !) Teergeruch in der Nase.

Nach allerlei Korrespondenz und dem Studium dicker Prospektbündel stellte Gustaf fest, daß man nirgendwo so leben konnte wie an Bord der

Sindbad. Und schon gar nicht im Schwarzwald. – Der Skipper konnte sich nicht entscheiden.

Dann kam Julchens Hochzeit dazwischen mit all dem zeitraubenden und kostspieligen Gedaddel. Und auch mußte jetzt die Sindbad für die Hochzeiter seeklar gemacht werden. – Gustaf wußte immer noch nicht, wohin seine und Friedas Reise gehen würde.

Wie gut, daß wenigstens die Kinder ihren Spaß hatten! Daß Julchen ihren Willi gekriegt hatte, war nicht ganz nach Gustafs Geschmack gewesen. Er hätte es am liebsten gesehen, wenn sein Töchting überhaupt nicht geheiratet hätte. Es war doch immer so schön gewesen, die vielen Jahre, zu dritt auf der Sindbad. Aber der Willi war wenigstens ein patenter Segler, das glich vieles aus, wenn auch nicht alles. Er hatte einen ordentlichen Beruf. Und die Haare trug er auch nicht mehr so lang, seitdem er bei ihnen auf der Sindbad segelte. Nur, für Julchen war er eben nicht gut genug. Niemand war gut genug für Julchen, das war klar. Aber Willi war es erst recht nicht.

Und nun waren sie alle am Hafen. Frieda hatte eine Apfeltorte für das junge Paar gebacken und einen Korb voll Eingemachtem mitgegeben. Gustaf hatte einen Raumballon spendiert. Er hatte sich immer schon einen gewünscht, aber nun war endlich der richtige Anlaß gekommen. Ein Hochzeitsgeschenk, an dem auch der Spender Freude und Nutzen hatte. So praktisch schenken konnte wirklich nur er.

Die Abschiedszeremonie war so wenig feierlich wie alle solch peinlichen Situationen. „Paßt schön auf den Wetterbericht auf, fahrt recht vorsichtig, meidet das Schießgebiet vor Schwansen, achtet auf den Wasserstand in der Bilge, schließt auf See das Lokusventil . . .' ach, es gab so vieles zu sagen, aber man sagte eben doch nur das, was man gar nicht sagen wollte.

Willi wurde es langsam zu dumm. Er startete den Motor und warf die Leinen los. Tschüüs! Mast- und Schotbruch! – Sindbad tuckerte Richtung Norden. Frieda schluckte heftig. Aber auch Gustaf zuckte verdächtig mit den Mundwinkeln. – Tschä, so war dat Leben eben!

Auf dem Nachhauseweg dachte Frieda zum ersten Mal wieder an ihre eigene Reise. „Wohin fahren wir eigentlich? Schwarzwald oder Bodensee?" fragte sie den Skipper. – „Och", sagte der und tat so, als ob er darüber überhaupt nicht mehr nachgedacht hätte, „vielleicht 'ne Fahrt ins Blaue? Mal sehn, wo es uns hintreibt."

Bei diesem Satz hätte Frieda hellhörig werden müssen. Gustaf war kein Mann, der ‚ins Blaue' fuhr. Wohin also dann? Aber sie war noch so sehr mit Julchen beschäftigt (die arme Göre, wie mag es ihr gehen, ob der Willi auch lieb zu ihr ist), daß sie nicht genau hinhörte.

Und so setzte sie sich am nächsten Morgen zu Gustaf ins Auto und wußte immer noch nicht, wohin die Reise gehen sollte. Der Skipper schwieg. „Mol sehn", sagte er nur kurz, als sie ihn fragte, wie weit er heute fahren wollte. Sie kannte ihn. Es hatte keinen Zweck, mehr aus ihm herausholen zu wollen.

Der Skipper fuhr eine halbe Stunde. Dann waren sie in Eckernförde. Frieda war überrascht. Von Kiel nach Süden ging es doch nicht über Eckernförde. „Nee", sagte Gustaf, „wi fohrn ja ok gornich no Süden." – „Wohin denn", wollte Frieda wissen. – „Nach Dänemark", sagte Gustaf trocken.

Dänemark? Frieda war entsetzt. Über zwei Jahrzehnte waren sie nach Dänemark gesegelt. Immer nur nach Dänemark, nie woanders hin (wohin sollte man denn sonst auch von Kiel aus segeln) – aber jetzt, mit dem Auto, wieder nach Dänemark, nein, das war einfach zu viel für sie. Sie heulte.

Gustaf sah ziemlich schuldbewußt aus der Wäsche. Er war nun mal kein Freund von Tränen. Also umdrehen. Nee, dat ging zu weit. Er ließ was von ‚Kopenhagen' fallen, um Frieda etwas aufzuheitern. Aber er wußte genau, daß sie nie nach Kopenhagen fahren würden. Und Frieda wußte es auch. Sie wurde jetzt so wütend, daß sie das Heulen vergaß: Sie wollte nicht nach Kopenhagen, sie wollte zum Lago Maggiore oder an den Gardasee. Zur Not auch an den Titi- oder Bodensee. Aber jedenfalls nicht nach Dänemark.

Doch da waren sie schon in Schleswig. Und Gustaf hielt an und kaufte ihr einen reizenden durchsichtigen Regenschirm mit Blümchen drauf, der sie halbwegs versöhnte. Als sie nach dem Mittagessen weiterfuhren, fand sie den Gedanken, in Flensburg Kaffee zu trinken, schon gar nicht mehr so schlecht. Übernachten wollten sie in Kolding, hatte Gustaf gesagt. Kolding kannte sie. Deshalb achtete sie hinter der Grenze nicht mehr auf den Weg.

Über eine prächtige Panoramastraße fuhren sie entlang der Flensburger Förde nach Osten. Doch was wußte Frieda schon, wo Osten war. „Wo mögen jetzt wohl die Kinder sein", fragte sie Gustaf. Das Wasser zur Rechten hatte sie vage an irgend etwas erinnert, an was genau wußte sie nicht. – Gustaf zuckte zusammen. Verlegen murmelte er: „De Kinners – och, de hebbt hüt Nacht in Schleimünde festmokt und sünn nu all längst in'n Lütten Belt bi Assens oder Baagö." Aber er wußte, daß es aus Nordost wehte und die Sindbad heute von Schleimünde aus den Wind auf der Nase hatte und als einzigen Hafen Sonderburg anliegen konnte.

Gustaf und Frieda kamen über eine Brücke. Die Brücke überquerte einen großen, belebten Hafen mit vielen Yachten. Frieda kam der Hafen irgendwie bekannt vor. Aber, mein Gott, aus dieser luftigen Höhe sah alles so anders aus. Fast hätte sie gemeint, es wäre Sonderburg, aber das konnte es ja nicht sein.

Es w a r Sonderburg. Und die Sindbad lag auch dort. Sie schien erst vor kurzem eingelaufen zu sein. Die Plünnen waren noch naß und in der Sonne zum Trocknen vorgeheißt. Die Kinder waren nicht zu sehen. Sicher waren sie an Land einkaufen gegangen, wer weiß. – Frieda war platt. Also hatte sie dieser Bursche wieder mal reingelegt. Aber das sollte er büßen!

Gustaf wollte an Bord klettern. Frieda riß ihn am Rockärmel zurück: „Du Unmensch!" – Gustaf meinte, wieso, war ja schließlich immer noch sein Schiff. Frieda schnaubte, ob er denn gar keinen Takt hätte. „Nee", sagte Gustaf, „ick schiet op Pietät un Takt." – Frieda war verzweifelt. Immer machte der Skipper alles kaputt. Aber das Glück ihrer Kinder sollte er diesmal nicht zertrampeln. Sie nahm ihn auf den Tampen und schleppte ihn ab. Einkaufen, Hotelzimmer suchen, Bummel zum Schloß – immer im Bogen um die Sindbad herum. Nach dem Abendessen schlug sie einen Spaziergang an der Küste nach Hörup Haff vor oder sonstwohin, von ihr aus zum Mond, aber jedenfalls weg vom Schiff.

Gustaf hatte indessen nur eins im Sinn: seinen Kahn. Bis zum Abendessen im Hotel beherrschte er sich noch gerade so. Aber dann gab es nicht anderes als hin zur Sindbad. Mochte Frieda alleine durch den Wald nach Hörup latschen, e r wollte zur Sindbad. Nix weiter. Und was Gustaf wollte, das tat er auch. Immer! Und nicht erst später sondern gleich.

Auf der Sindbad waren die Plünnen abgeschlagen. Das Deck war sauber aufgeklart. Die Kinder saßen gewaschen und gekämmt und sehr brav im Cockpit. Für Gustaf gab es nichts zu beanstanden.

„Vati! Ihr hier?“ Julchen schien mehr erschrocken als freudig bewegt. Und auch Willi fragte besorgt: „Was ist passiert?“

„Tschä, hm“, räusperte Gustaf sich und sah Frieda hilfesuchend an. – „Na, was soll schon sein“, sagte sie, „Sehnsucht hat er halt, der Vati.“

„Nach uns?“ fragte Julchen gerührt. Vati hatte Sehnsucht nach ihnen. Es war fast nicht zu glauben. Doch dann dämmerte ihr was. „Du willst ja bloß sehen, ob die Sindbad noch heil ist. – Also das finde ich richtig gemein von dir, Vati. Das hätte ich gar nicht von dir gedacht!“ Und Willi sagte: „Kannst ja an Bord kommen und kucken.“

Gustaf fühlte sich wieder mal schnöde verkannt. Er zierte sich und sagte „Nee“. Doch Frieda meinte resolut, wenn sie schon mal da wären, dann könnten sie auch . . .! Willi holte Bier aus der Eisbox; Gustaf stopfte seinen Knösel mit Dunhill Star aus dem Transitbeutel; Frieda wischte mit dem Lappen über die Gräting, bevor sie sich setzte; Julchen holte Köm und Zigaretten aus der Pantry. So saß die Familie alsbald im Cockpit der Sindbad vereint, sagte Prost und Skol und klönte von Seegang, Windstärken und wie gut der neue Ballon stand. Es war alles wie früher. Fast. Nur eine Kleinigkeit war anders.

Als es dunkel wurde, trat Frieda ihrem Gustaf auf den Fuß. Ach ja, sie mußten ja gehen. Schade eigentlich. Am liebsten wäre der Skipper an Bord geblieben. Warum eigentlich nicht. Sie waren ja immer zusammen gesegelt.

„Gustafff!“ sagte Frieda, und es klang etwas drohend.

Als sie sich verabschiedeten, fragte Gustaf ganz beiläufig – mit einem Blick zum Stander, um zu sehen, woher der Wind kam – wo sie denn am nächsten Tag hinwollten. Apenrade, Aarösund oder gar Kolding? Das läge ja alles schön auf ihrem Weg. Da könnte man sich abends ja wieder – –.

„Barsö –“, sagte Julchen, und sie wußte, warum sie Barsö sagte. Barsö war eine Insel und nur mit einem Boot zu erreichen. Sie sagte es trocken und knapp, und es klang nicht mehr kindlich, wie Gustaf es von ihr gewohnt war. Es war wohl doch nicht alles mehr so wie früher. Vielleicht war es diese Kleinigkeit, diese dumme Kleinigkeit, die alles verändert hatte. Mein Gott, eine Heirat war doch kein Grund, gleich mit der ganzen Familie zu brechen. Gustaf schüttelte den Kopf. Er verstand das alles nicht.

„Also nach Barsö wollt ihr", sagte er bedauernd, „aber der Hafen ist doch viel zu lütt. Und los ist da auch nichts."

„Eben –!" sagte Julchen und blickte dem Vater dabei fest in die Augen. Der Skipper spürte, daß sie es ernst meinte und sah seine Tochter fast stolz an. Dunnerkiel, wenn die nicht aus seinem Holz geschnitzt war! Der Willi würde ganz schön Höhe laufen müssen, um von der Deern nicht den Wind aus den Segeln genommen zu kriegen.

„Also viel Spaß auf Barsö", sagte er. Frieda fügte schnell hinzu: „ – und auf Wiedersehen in zwei Wochen zu Hause!" Der blöde Kerl sollte gar nicht erst auf dumme Gedanken kommen. – „Tschüs", rief Julchen ihnen nach, „amüsiert euch gut in Kopenhagen!"

Kopenhagen. Als ob Gustaf da jemals hingewollt hätte. Nun, wo er die SINDBAD gesehen hatte und alles an Bord in Ordnung gewesen war, und Julchen nur nach Barsö segelte, um ihn los zu sein, was sollte er da noch in Kopenhagen.

Als sie am nächsten Morgen aus Sonderburg abfuhren, blickte er von der Brücke nicht einmal zum Hafen hinunter. War ihm egal, ob die SINDBAD da noch lag oder schon ausgelaufen war. 'Ne Tochter mußte jeder Vater eines Tages verlieren. Aber ein Kind und ein Boot zugleich, das traf hart. Was sollte er da noch nach unten kucken. Mochte der Kahn zum Teufel segeln! Er fuhr nach Kiel zurück. Für ihn war diese Reise zu Ende.

Hinter der Grenze sagte Frieda, die bis dahin geschwiegen hatte: „Du hast es ja so haben wollen. Nun werde auch damit fertig." Und Gustaf beschloß, damit fertig zu werden, wenn es auch sehr bitter im Hals schmeckte.

Wie Gustaf den Petrus das Segeln lehrte

Gustaf fühlte, daß es mit ihm zu Ende ging, und er machte in seinem Herzen Abschlußbilanz. Die großen und kleinen Sünden ordnete er getreulich auf der Soll-Seite, die guten Taten buchte er gewissenhaft im Haben. Dann zog er Bilanz, denn er wollte mit freiem Blick dem Lieben Gott in die Augen sehen können, und – fürwahr – seine Bilanz konnte sich sehen lassen!

Gewiß, da waren ein paar dunkle Punkte, aber die lagen viele Jahre zurück. So wie er sich kaum noch daran erinnern konnte, würde wohl auch der Herrgott, der ja so viele Sünden täglich registrieren muß, im Drange seiner großen Geschäfte ein Auge zudrücken und sie als verjährt ansehen.

Dagegen wies sein Haben-Konto aber, wie er selbstgefällig feststellte, eine ansehnliche Fülle von Opfern, Liebesbeweisen, guten Taten und edlen Gesten auf, so daß er sich im Himmel wohl nicht allzu schlecht ausnehmen dürfte.

Ihm wurde mit einem Mal ganz leicht zumute – alles war hell und freundlich, kein Rheuma, keine Sorgen, keine Verpflichtungen, nichts, was seinen rasanten Höhenflug bremsen konnte. Er klopfte kurz und kräftig an die Himmelstür und war nicht weiter erstaunt, schon nach kurzer Zeit schlürfende Schritte jenseits der Tür zu hören. „Wer ist denn da?" brummelte eine tiefe, ehrfurchtgebietende Stimme. Gustaf nannte seinen Namen und Heimathafen. Die unsichtbare Stimme polterte: „Gustaf?? Es gibt so viele Gustafs! Welcher ist das nun?" Und bei diesen Worten knarrte die große Tür in den Angeln und öffnete sich einen kleinen Spalt.

„Du?" sagte Petrus, „du bist ja der *Segler* Gustaf. Was willst du denn hier?" Gustaf im vollen Bewußtsein seines gottgefälligen Erdenlebens antwortete etwas kurz, denn er war ärgerlich wegen der dummen Fragerei: „Rein will ich!"

„So, so“, meinte Petrus, „da wollen wir doch mal im Register nachsehen“, und er griff nach links in ein Wolkenfach und holte Band »G« heraus. „Gustaf der Angler, Gustaf der Fußballer, Gustaf der . . . – ha, hier haben wir dich: Gustaf der Segler. – Ein toller Bursche! Hier steht: faul, egoistisch, rechthaberisch, asozial, verschwenderisch, ungläubig. Für den Himmel ungeeignet. Und so etwas klopft hier noch ganz frech an. Diese Segler! Immer auf den alten Petrus schimpfen, aber selbst durch und durch verdorben.“

Und nach dieser langen Rede machte er Anstalten, die Himmelstür vor Gustafs Nase zuzuschlagen. Dieser, durch das Knarren gewarnt, klemmte schnell noch den Fuß zwischen Tür und Schwelle und sprudelte hastig hervor: „Das muß ein Mißverständnis sein, lieber Petrus, sicher ist das ein anderer Gustaf.“

„Was“, raunzte Petrus grob zurück, „ich erkenne dich doch wieder. Du bist doch der faule Strolch von der Kieler Bucht!“

„Aber wieso bin ich denn faul? Ich habe mein Leben lang geschuftet und geschafft. Und weshalb bin ich ein Strolch?“

„Seht einmal diesen Patron an“, erwiderte Petrus, „168 Stunden hat die Woche. Davon nur ein Drittel im Büro gesessen, die übrige Zeit gesegelt oder vom Segeln geträumt. Von den im Büro verbrachten Stunden die Hälfte vertrödelt mit Segelgedanken, die andere Hälfte vertelefoniert mit Büdelneihern, Werften, Bootsbauern und dem Wetterdienst. Du bist faul und bleibst faul, basta!“

„Schön“, meint Gustaf resignierend, „aber egoistisch bin ich bestimmt nicht. Da hast du dich verschrieben, Petrus.“

„So, dann werde ich dir mal meine Notizen vorlesen:

- Weihnachten: schenkt seiner Frau Propankocher fürs Boot statt sehnlichst gewünschtem Blauseidenen. Tochter kriegt Segel fürs Beiboot statt dringend nötiger Schuhe. Und Nietenhose statt Handtasche.
  Er selbst wünscht sich neuen Kompaß und kriegt ihn auch.
- Ostern: keine Geschenke, da Rechnung für Winterplane zu bezahlen.
- Pfingsten: kein Ausflug, dafür muß Familie Schiff schleifen und lackieren.

- Hochzeitstag: ausgefallen wegen Vorstandssitzung im Segelverein,
- usw. usw.

Oder willst du noch mehr hören?"

„Nein, das genügt", sagte Gustaf zerknirscht, „wenn auch sehr subjektiv betrachtet. Schließlich hat meine Familie sich doch dabei sehr wohlgefühlt!"

Was du nicht sagts", donnerte Petrus da zurück. „Hier steht weiter: Rücksichtsloser Barbar. Treibt tyrannisch Familie bei Regen zum Hafen. Knüppelt bei Windstärke 7 nach Schleimünde, obgleich seine Frau Mandelentzündung hat. Nutzt zu jeder Nachtstunde die Brise aus. Hat immer recht. Gibt nie Fehler zu. Wenn Bootsmanöver mißglücken, hat immer Vorschotmann unrecht. Haut unschuldige Tochter mit Tampen. Verschweigt zu Hause Extra-Gratifikation und kauft dafür Raumballon."

Nun wurde Gustaf doch ein wenig mulmig ums Herz. Er gab reumütig alles zu, bat aber, trotzdem im Himmel belassen zu werden, nachdem er nun schon die weite Anreise hinter sich hatte. „Verdient hast du es ja nicht", brummte Petrus. „Aber das sage ich dir, wenn ich dich noch einmal so auf mich schimpfen höre wie im vergangenen Sommer, dann fliegst du wieder raus! Meckerer und Besserwisser haben hier keinen Platz."

Dann winkte er den Erzengel vom Dienst heran, dem er den Auftrag gab, Gustaf auf Kammer ein anständiges Hemd zu verpassen – vorläufig noch ohne Flügel – und ihm einen Schlafplatz im großen Wolkensaal Nr. 7 anzuweisen. „Wenn du eingekleidet bist, meldest du dich bei mir, verstanden?“ Dann überließ er Gustaf seinem Schicksal, brummte etwas vor sich hin, was so ähnlich klang wie: „Immer diese unmöglichen Segler“, stieg auf eine kleine Wolke und fuhr schnell von dannen, in dem er sich mit dem rechten Fuß kräftig abstieß.

Gustaf mußte nun eine ganze Reihe ungewohnte und seinem ausgeprägten Individualismus völlig fremde Prozeduren (wie Anmelden, Registrieren, Einkleiden usw.) über sich ergehen lassen, und es war 18.00 Uhr geworden, bevor er sich durch ein tolles Gewimmel von großen und kleinen Engeln mit und ohne Flügel zu Petrus durchfragen konnte. Er sah manch bekanntes Gesicht, aber Segler waren nicht darunter.

Er traf Petrus in der Reparaturwerkstatt, wo eine Reihe Engel mit Schleifpapier und Terpentinlappen die Wolken von unten reinigten. „Sieh dir den Dreck an“, brummte Petrus, „alles von eurem dämlichen Atomgestank. Hol dir einen Pinsel und weiße Farbe – damit wirst du wohl umgehen können – und erneure die Bodenanstriche.“

Gustaf tat, wie ihm geheißen. Er malte bis in die späten Abendstunden, bis er zehn Wolken fertig hatte. Mit ein wenig blauer Farbe setzte er noch zusätzlich einen wunderschönen Wasserpaß ab und war mit seinem Werk sehr zufrieden. Dann bestieg er eine Wolke und versuchte, durch Abstoßen mit dem rechten Fuß damit ebenso in Fahrt zu kommen wie Petrus. Es ging ganz gut, strengte aber ziemlich an. Plötzlich machte er eine Entdeckung: Die im Himmel eingebaute, riesige Klimaanlage erzeugte einen feinen Luftstrom, der unablässig von West nach Ost zog. Gustaf steckte die Nase in die Luft und schnupperte. „Feine Brise“, sagte er zu sich, „Windstärke 2 bis 3. Und nun kein Schiff, so ein Jammer!“ Dann guckte er sich die Wolken an, und dabei kam ihm ein Gedanke. Er kletterte auf eine hinauf, spreizte mit beiden Händen sein Hemd, welches vom Wind wie ein Spinnaker gebläht wurde, und – o Wunder – er machte Fahrt. Nach einigem Üben ging es ganz gut, vor allem raumschots. Nach einer Stunde hatte er auch heraus, wie er sein Hemd brassen mußte, um fast 6 Strich am Wind zu segeln.

Das genügte, um in schwungvollen Bogen kreuz und quer durch den Himmel zu schippern, bis – ja bis er auf einmal mit halbem Wind auf Backbordbug Petrus in die Quere kam, der sich mühsam mit dem Fuß Meter für Meter vorwärtsstieß. „Dampfer von rechts", blitzte es in seinem Gehirn, aber da bumste es schon, so daß Petrus fast das Gleichgewicht verlor und furchtbar schimpfend auf Gustaf losfuhr, wieso er so schnell und ohne sich abzustoßen durch den Himmel jage.

Gustaf fühlte seine große Stunde schlagen. Er erklärte Petrus das Geheimnis, mit dem Hemd zu segeln, was diesen mächtig beeindruckte, denn er war schon recht alt und nicht mehr so gut zu Fuß. Und ein wenig später sah man beide mit geblähten Hemden auf die Kreuz gehen, wobei Gustaf wie auf Erden seine Kommandos brüllte und Petrus als gehorsamer Schüler diesen Kommandos Folge leistete.

Von diesem Zeitpunkt an waren die beiden unzertrennliche Freunde, und schon nach kurzer Zeit übertrug Petrus seinem Segellehrer die Wetterregulierung für die Erde. Mit dem Erfolg, daß es nur noch an Wochentagen während der Nachtstunden regnete, während an den Wochenenden und zur Urlaubszeit strahlendes Sonnenwetter mit prächtigem Nordost herrschte. Und noch eine Auswirkung hatte dies bedeutsame Ereignis: Alle Engel wollten segeln und da ihre Hemden dafür meist zu kurz oder zu knapp waren, setzte sich schlagartig der neueste krinolinenartige Maxi-Look in der Himmelsmode durch, für den Gustaf selbst die Entwürfe . . .

„Bautz" – Gustaf verspürte einen leichten Schlag und wachte auf. Frieda hatte ihn angestoßen. „He, Käpt'n", sagte sie, „wach auf! Was zuckst du denn dauernd mit dem linken Bein und brüllst ‚Raum'?" Gustaf schnappte nach Luft und wischte sich mit dem Zipfel des Schlafsacks den Schweiß von der Stirn – mein Gott, wie heiß war es in der Kajüte! Er mußte schlecht geträumt haben. Aber ist das ein Grund, jemanden gleich in die Rippen zu knuffen? Immer diese Frauen!